MELLANMANSKLIGA RELATIONER

Författare:

Jacob Jones

Begränsat ansvar - Ansvarsfriskrivning

Observera att innehållet i denna bok är baserat på personlig erfarenhet och olika informationskällor och endast är för personligt bruk.

Observera att informationen häri endast är avsedd för utbildnings- och underhållningsändamål och inga garantier ges eller underförstås av något slag.

Läsare erkänner att författaren inte är engagerad i tillhandahållandet av juridisk, ekonomisk eller professionell rådgivning. Rådfråga en licensierad professionell innan du försöker använda någon teknik som beskrivs i den här boken.

Ingenting i den här boken är avsett att ersätta sunt förnuft, juridisk redovisning eller professionell rådgivning och är endast avsedd att informera.

Dina speciella omständigheter kanske inte passar exemplet som illustreras i den här boken; i själva verket kommer de förmodligen inte att vara det.

Du bör använda informationen i denna bok på egen risk. Läsaren är ansvarig för sina handlingar.

Informationen som tillhandahålls häri förklaras vara sann och konsekvent, eftersom allt ansvar, i termer av slarv eller på annat sätt, som uppstår till följd av användning eller missbruk av någon policy, process eller instruktioner som finns häri är den avsedda läsarens ensamma och totala ansvar.

Genom att läsa den här boken samtycker läsaren till att författaren under inga omständigheter kommer att hållas ansvarig för några förluster, direkta eller indirekta, som uppstår till följd av användningen av informationen i detta dokument, inklusive, men inte begränsat till, fel, utelämnanden, eller felaktigheter.

Sammanfattning

INTRODUKTION TILL INTERNPERSONLIGA RELATIONER

18

Definition av mellanmänskliga relationer

Interpersonella relationer är bindväven i våra liv, och väver samman texturerna av mänskliga upplevelser till en mosaik rik på mening och anslutning. Detta kapitel syftar till att tydligt definiera vad mellanmänskliga relationer är och att lägga grunden för att förstå deras komplexa dynamik.

Interpersonella relationer hänvisar till kopplingar, band och interaktioner mellan individer. Dessa band kan visa sig i många former, inklusive vänskap, familjeband, romantiska relationer och professionella förbindelser. Interpersonella relationer kan vara både kortlivade och långvariga, men de delar alla ett gemensamt element: de involverar kommunikation och interaktion mellan människor.

Några nyckeldrag i mellanmänskliga relationer inkluderar:

1. Kommunikation: Interpersonella relationer bygger på kommunikation, som kan vara verbal, icke-verbal eller skriftlig. Kommunikation är det sätt på vilket vi delar tankar, känslor, önskningar och behov med andra.
2. Emotionell koppling: Interpersonella relationer involverar ofta en känslomässig koppling mellan individer. Denna koppling kan visa sig genom tillgivenhet, empati, solidaritet och ömsesidig förståelse.
3. Ömsesidigt beroende: Människor som är involverade i interpersonella relationer är beroende av varandra på något sätt. Detta ömsesidiga beroende kan handla om ömsesidigt stöd, att dela resurser eller att arbeta tillsammans för att uppnå gemensamma mål.
4. Förändring och tillväxt: Interpersonella relationer kan påverka personlig förändring och tillväxt. Genom

relationer kan människor lära sig, utvecklas och förändras över tid.

5. Olika sammanhang: Interpersonella relationer äger rum i ett brett spektrum av sammanhang, från familj till arbete, från nära vänskap till tillfälliga relationer.

Sammanfattningsvis är mellanmänskliga relationer grunden för mänskliga erfarenheter. Genom att utforska detta komplexa nätverk av kontakter kommer vi att upptäcka hur de kan påverka våra dagliga liv på djupet och hur vi kan odla dem för vårt välbefinnande och personliga tillväxt.

I de följande kapitlen kommer vi att fördjupa oss i specifika aspekter av mellanmänskliga relationer, undersöka utmaningarna, kommunikationsstrategierna och verktygen för att bygga tillfredsställande och varaktiga relationer.

Betydelsen av mellanmänskliga relationer i det dagliga livet

Interpersonella relationer är en viktig del av vårt dagliga liv, och påverkar praktiskt taget alla aspekter av vårt välbefinnande, lycka och upplevelser.

Detta kapitel utforskar i detalj den avgörande betydelsen av dessa relationer och deras inverkan på vår inre värld och våra yttre upplevelser.

Social anslutning och känslomässigt välbefinnande:

1. Interpersonella relationer är det sociala lim som håller oss samman som en mänsklig gemenskap. De representerar vår förmåga att ansluta känslomässigt, dela erfarenheter och få stöd från andra. Här är några av de sätt som mellanmänskliga relationer påverkar vårt känslomässiga välbefinnande:
2. Känslomässigt stöd: Relationer ger ett avgörande stödsystem i tider av stress, svårigheter eller sorg. Förmågan att dela våra känslor och få stöd från andra hjälper oss att bättre hantera livets utmaningar.
3. Känsla av tillhörighet: Att vara en del av ett socialt nätverk ger oss en känsla av tillhörighet och identitet. Att känna sig accepterad och inkluderad av andra kan förbättra vår självkänsla och känsla av självvärde.
4. Lycka och glädje: Interpersonella relationer kan ge lycka och glädje i våra liv. Att dela glada stunder med andra ökar vår njutning och berikar våra upplevelser.
5. Minskad känsla av ensamhet: Interpersonella relationer skyddar oss från ensamhet, en känsla som kan ha negativa effekter på mental och fysisk hälsa. Att vara

omgiven av människor som förstår och accepterar oss minskar känslor av isolering.

Inflytande på professionell framgång:

Interpersonella relationer påverkar inte bara vårt personliga liv, utan också vårt yrkesliv. Ett starkt nätverk och effektiva relationsförmåga är ofta nycklarna till framgång på arbetsplatsen. I det här kapitlet ska vi också titta på hur relationer kan:

1. Underlätta samarbete: Positiva mellanmänskliga relationer är avgörande för samarbete och effektivt lagarbete i en professionell miljö.
2. Öppna karriärmöjligheter: Ett starkt nätverk kan öppna dörrar och karriärmöjligheter som annars skulle vara otillgängliga.
3. Förbättrad kommunikation: Förmågan att kommunicera och hantera relationer med kollegor, överordnade och underordnade är avgörande för en framgångsrik karriär.
4. Minska stressen på jobbet: Positiva relationer på arbetsplatsen kan minska stressen och förbättra den övergripande arbetstillfredsställelsen.

Sammanfattningsvis är mellanmänskliga relationer bindväven i vårt dagliga liv, som påverkar både vårt personliga välbefinnande och vår professionella framgång.

Genom den här boken kommer vi att ytterligare utforska hur man kan odla meningsfulla relationer och utveckla effektiva kommunikationsförmåga för att förbättra kvaliteten på våra interaktioner och våra liv.

EFFEKTIV KOMMUNIKATION

23

Grunderna för kommunikation

Kommunikation är hjärtat i mellanmänskliga relationer. I det här kapitlet kommer vi att undersöka grunderna för kommunikation och de nyckelprinciper som styr den. Att förstå dessa begrepp är avgörande för att utveckla effektiva kommunikationsförmåga i våra relationer.

Kommunikation som utbyte av meddelanden:

Kommunikation är en komplex process som involverar att skicka och ta emot meddelanden mellan individer. Dessa budskap kan förmedlas på olika sätt, inklusive verbalt språk, icke-verbalt språk och skrift.

Grunderna för kommunikation inkluderar:

1. Avsändare och mottagare: I varje kommunikativ interaktion finns det en avsändare (som skickar meddelandet) och en mottagare (som tar emot meddelandet). Att förstå varje parts roll är avgörande för effektiv kommunikation.
2. Meddelande: Meddelandet är informationen eller innehållet som överförs. Det kan vara explicit (direkt angivet) eller implicit (underförstått).
3. Kommunikationskanal: Kanalen är det medium genom vilket meddelandet sänds. Detta kan vara verbalt (ord), icke-verbalt (gester, ansiktsuttryck, kroppsspråk) eller skriftligt (sms, mejl, brev).
4. Kodning och avkodning: Avsändaren kodar meddelandet, medan mottagaren avkodar det. Förståelsen beror på båda parters förmåga att använda samma kodnings- och avkodningssystem.

Hinder för kommunikation:

Även om kommunikation är viktigt, kan många utmaningar hindra den.

Några av de vanliga hindren inkluderar:

1. Meddelandeförvrängning: Meddelanden kan förvrängas eller feltolkas på grund av fel i kodning eller avkodning.
2. Brist på aktivt lyssnande: Brist på aktivt lyssnande från mottagarens sida kan hindra förståelse och lämplig respons.
3. Filtrering: Individer kan filtrera eller redigera meddelanden för att passa deras övertygelse eller förväntningar.
4. Buller: Fysiskt eller känslomässigt brus kan störa meddelandeöverföringen.

Effektiva kommunikationsförmåga:

Genom hela boken kommer vi att utforska nyckelfärdigheterna som bidrar till effektiv kommunikation.

Dessa inkluderar:

1. Aktivt lyssnande: Aktivt lyssnande är förmågan att lyssna noggrant och reagera empatiskt på andras kommunikation.
2. Ickeverbal kommunikation: Att förstå icke-verbala ledtrådar, såsom kroppsspråk och anslktsuttryck, är avgörande för framgångsrik kommunikation.
3. Empati: Empati är förmågan att förstå och dela andras känslor, vilket hjälper till att bygga djupare relationer.
4. Tydlighet och koncis: Att uttrycka idéer tydligt och koncist förbättrar den ömsesidiga förståelsen.

Att förstå grunderna för kommunikation är det första steget i att förbättra kvaliteten på våra mellanmänskliga relationer. I senare kapitel kommer vi att utforska dessa färdigheter mer i detalj och tillhandahålla praktiska verktyg för att utveckla dem.

Hinder för kommunikation

Effektiv kommunikation är ett viktigt mål i mellanmänskliga relationer, men barriärer kan ofta störa denna process.

I det här kapitlet kommer vi att utforska några av de vanliga hindren för kommunikation och hur man kan övervinna dem.

1. Förvrängning av meddelandet.

Meddelandeförvrängning uppstår när meddelandet som sänds av avsändaren inte tolkas korrekt av mottagaren.

Denna förvrängning kan uppstå av olika anledningar:

- Otydlighet i kommunikationen: Om meddelandet är tvetydigt eller otydligt kan mottagaren tolka det på andra sätt än vad avsändaren tänkt sig.
- Kulturella skillnader: Kulturella skillnader i kommunikationsnormer, gester och uttryck kan leda till missförstånd.
- Emotionellt tillstånd: Intensiva känslor kan påverka uppfattningen och förståelsen av budskapet. Till exempel kan en arg person tolka en neutral kommentar som en kritik.
2. Brist på aktivt lyssnande.

Aktivt lyssnande är en nyckelkomponent i effektiv kommunikation. Men många människor tenderar att inte lyssna noga på andra.

Hinder för aktivt lyssnande kan vara:

- Distraktion: Närvaron av externa distraktioner eller att tänka på andra saker kan hindra dig från att fokusera på att lyssna.
- Svarsoro: Vissa individer kan fokusera mer på sitt svar eller hur de kommer att uppfattas snarare än att verkligen lyssna på den andra.
- För tidig bedömning: Att dra slutsatser eller döma en annan i förtid kan hindra förståelsen.
3. Filtrering

Filtrering sker när en person redigerar eller censurerar meddelandet de sänder.

Detta kan bero på:

- Rädsla för konsekvenser: Rädsla för negativa reaktioner eller konflikter kan få en person att filtrera meddelandet för att göra det mer acceptabelt.
- Dölja information: Ibland döljer människor information för att skydda sin integritet eller av personliga skäl.
- Brist på tillit: Brist på tillit till en annan kan leda till begränsad eller förvrängd kommunikation.
4. Ljud.
- Brus är alla störningar som tar uppmärksamheten bort från kommunikation. Detta kan vara fysiskt brus (som omgivningsljud) eller känslomässigt brus (som stress eller ångest). Brus kan göra det svårt för mottagaren att koncentrera sig på meddelandet.

Att övervinna dessa hinder kräver medvetenhet, övning och kommunikationsförmåga. I efterföljande kapitel kommer vi att undersöka hur vi kan förbättra kommunikationen och utveckla aktiva lyssnande färdigheter för att övervinna dessa utmaningar.

Effektiva kommunikationsförmåga

Effektiv kommunikation är avgörande för att bygga positiva och tillfredsställande mellanmänskliga relationer. I det här kapitlet ska vi titta på några av de nyckelfärdigheter som bidrar till effektiv kommunikation.

1. Aktivt lyssnande.

Aktivt lyssnande är en av de viktigaste färdigheterna inom kommunikation. Det handlar om att lyssna noga på vad den andra personen säger utan distraktion och med empati.

Här är några strategier för att utveckla aktivt lyssnande:

- Ge full uppmärksamhet: Fokusera helt på personen som talar, undvik distraktioner och avbrott.
- Ställ öppna frågor: Ställ frågor som kräver mer utförliga svar och stimulerar till djupgående samtal.
- Reflektera och bekräfta: Upprepa eller parafrasera vad den andra personen har sagt för att visa att du förstår och bekräftar dina tankar och känslor.
2. Inte verbal kommunikation.

Ickeverbal kommunikation inkluderar gester, ansiktsuttryck, kroppsspråk och tonfall. Dessa element kan förmedla kraftfulla budskap.

Några tips för att effektivt använda icke-verbal kommunikation inkluderar:

- Behåll ögonkontakt: Att behålla ögonkontakt under en konversation visar intresse och uppmärksamhet.

- Hantera kroppsspråk: Använd ett öppet, positivt kroppsspråk för att förmedla självförtroende och öppenhet.
- Ställ in på ditt tonfall: Modulera ditt tonfall så att det överensstämmer med det budskap du kommunicerar.
3. Empati.

Empati är förmågan att sätta sig i en annan persons ställe, förstå deras känslor och reagera lyhört. Så här utvecklar du empati:

- Övningsperspektiv: Försök att se saker från den andra personens synvinkel, undra hur de kan känna sig i vissa situationer.
- Uttryck empati: Använd uttryck som "Jag kan föreställa dig hur du känner..." för att visa förståelse och stöd.
4. Tydlighet och koncis.

Tydlighet och koncisthet är avgörande för att undvika missförstånd i kommunikationen.

Så här förbättrar du tydlighet och koncisthet:

- Undvik tvetydighet: Använd tydliga, specifika ord och fraser för att undvika tvetydighet.
- Sammanfatta huvudidéerna: Fokusera på huvudidéerna när du kommunicerar, undvik onödiga detaljer.
5. Konfliktlösning.
- Effektiva kommunikationsförmåga är avgörande för att lösa konflikter. Att lära sig hantera konflikter på ett konstruktivt sätt kräver färdigheter som aktivt lyssnande, respektfullt uttrycka åsikter och att tillsammans hitta lösningar.

Att utveckla dessa kommunikationsförmåga är en pågående process och kan avsevärt bidra till att förbättra mellanmänskliga relationer. Genom hela boken kommer vi att fördjupa oss i dessa färdigheter och tillhandahålla praktiska övningar för att utveckla dem ytterligare.

Aktivt lyssnande

Aktivt lyssnande är en avgörande färdighet i interpersonell kommunikation som går utöver att bara ta emot den andres ord. Det innebär ett aktivt engagemang i att lyssna och på djupet förstå den andra personens budskap, känslor och behov. I det här kapitlet kommer vi att utforska aktivt lyssnande i detalj och ge riktlinjer för hur det kan utvecklas.

1. Förstå aktivt lyssnande.

Aktivt lyssnande handlar inte bara om att höra varandras ord, utan också om att förstå deras känslor, avsikter och djupare mening.

Här är några nyckelelement för aktivt lyssnande:

- Full koncentration: Ge din fulla uppmärksamhet åt personen som talar. Eliminera distraktioner och visa att du är genuint intresserad av vad han säger.
- Visa intresse: Använd icke-verbala ledtrådar, såsom ögonkontakt, öppet kroppsspråk och upprätthålla en uppmärksam hållning, för att visa intresse.
- Undvik avbrott: Avbryt inte den andra personen medan de pratar. Låt honom avsluta sin tanke innan han svarar.
- Ställ öppna frågor: Använd öppna frågor för att uppmuntra den andra personen att uttrycka sig djupare och dela sina känslor.

2. Reflektion och bekräftelse.

En väsentlig del av aktivt lyssnande är förmågan att reflektera och bekräfta det du har hört. Detta visar den andra personen att du försöker förstå och att deras ord hördes.

Här är några strategier för att göra detta:

- Upprepa eller parafrasera: När den andra personen har talat kan du upprepa eller parafrasera det du hörde. Till exempel "Jag förstår att du säger..."
- Bekräfta känslor: Identifiera och uttryck känslor som den andra personen delar. Till exempel, "Du verkar mycket oroad över den här situationen."
- Undvik bedömning: Undvik att döma eller kritisera den andra personens ord eller känslor. Ha en öppen och respektfull attityd.
3. Fördelarna med aktivt lyssnande.

Aktivt lyssnande har många fördelar i mellanmänskliga relationer:

- Förbättra den ömsesidiga förståelsen: Hjälper till att undvika missförstånd och främjar djupare förståelse mellan människor.
- Skapar tillit: När människor känner sig hörda och förstådda utvecklas en känsla av tillit och närhet i relationer.
- Löser konflikter: Aktivt lyssnande är viktigt för konfliktlösning, eftersom det gör det möjligt för människor att uttrycka sina åsikter och hitta lösningar i samarbete.
- Öka effektiv kommunikation: Främjar öppen och uppriktig kommunikation, vilket leder till bättre kommunikation överlag.

Att utveckla aktivt lyssnande kräver konstant träning, men belöningarna är betydande. I efterföljande kapitel kommer vi att ytterligare utforska hur man tillämpar aktivt lyssnande i olika situationer och hur man kan förbättra denna nyckelfärdighet för att bygga starkare och mer tillfredsställande mellanmänskliga relationer.

34

Inte verbal kommunikation

Ickeverbal kommunikation är en kraftfull form av mänskliga uttryck, ofta förbisedd men mycket meningsfull. Det här kapitlet utforskar den fascinerande världen av icke-verbal kommunikation och hur den påverkar våra mellanmänskliga relationer.

1. Kroppsspråk:
- Gester, ställningar och ansiktsuttryck kommunicerar känslor och avsikter utan ord.
- Lär dig känna igen kroppsspråkssignaler för att bättre förstå andra.
2. Ögonkontakt:
- Gazing är en kraftfull form av icke-verbal kommunikation.
- Håll ögonkontakt för att visa intresse och förtroende för dina interaktioner.
3. Ansiktsuttryck:
- Ansiktsuttryck förmedlar känslor, önskningar och reaktioner.
- Var medveten om dina ansiktsuttryck för att kommunicera avsiktligt.
4. Personal Space Management:
- Varje person har en zon med personligt utrymme, och påträngande kan orsaka obehag.
- Respektera andras personliga utrymmesgräns for att hålla interaktionerna bekväma.
5. Tone of Voice och volym:
- Sättet du talar på, inklusive tonen och volymen på din röst, påverkar uppfattningen av din kommunikation.
- Anpassa ton och volym till situationen och samtalspartnern.

6. Kroppsspråk och lögner:

- Inkonsekvenser mellan kroppsspråk och ord kan avslöja lögner.
- Lär dig att känna igen tecken på potentiella lögner i relationer.

7. Synkronicitet och konvergens:

- Synkronisering i rörelse och uttryck kan skapa starkare kopplingar.
- Sök konvergens med andra för att skapa större affinitet.

8. Icke-verbal kommunikations kultur:

- Ickeverbal kommunikation kan variera avsevärt mellan kulturer.
- Var medveten om kulturella skillnader för att undvika missförstånd i interkulturella relationer.

9. Utbildning och förbättring:

- Du kan förbättra dina ickeverbala kommunikationsförmåga genom träning och övning.
- Självinsikt är nyckeln till att bli en mer effektiv icke-verbal kommunikatör.

10. Inverkan på relationskvalitet:

- Exakt och effektiv icke-verbal kommunikation kan avsevärt förbättra kvaliteten på dina mellanmänskliga relationer.
- Använd denna kraftfulla form av uttryck för att bygga djupare, mer autentiska kopplingar.

När du utforskar den stora världen av icke-verbal kommunikation kommer du att upptäcka hur det kan berika dina relationer, förbättra din förståelse för andra och göra det möjligt för dig att kommunicera mer effektivt och autentiskt.

Investera i din personliga utveckling och din förmåga att kommunicera icke-verbalt för att bygga starkare och mer meningsfulla relationer.

ATT BYGGA FRÅN RELATION

Stadier av relationsutveckling

Interpersonella relationer går igenom flera stadier under sin utveckling. Att förstå dessa stadier kan hjälpa till att hantera förväntningar, hantera utmaningar och främja relationstillväxt. I det här kapitlet kommer vi att utforska de typiska stadierna av relationsutveckling.

1. Fas av möte och attraktion.

Det första skedet av ett förhållande kännetecknas ofta av tillfälliga möten eller introduktioner. Under detta skede kan människor attraheras av varandra av olika anledningar, inklusive fysiskt utseende, gemensamma intressen eller personlighet. Det är en period av ömsesidig upptäckt där den första kontakten etableras.

2. Fördjupad fas.

I fördjupningsstadiet börjar människor dela mer om sig själva, både känslomässigt och personligt. Detta skede kan innebära att du delar med dig av dina innersta upplevelser, tankar och känslor. En större ömsesidig förståelse utvecklas och bandet stärks.

3. Stabilitetsfas.

I stabilitetsstadiet har relationen nått en punkt där människor känner sig bekväma med varandra och har etablerat en rutin eller struktur i sin interaktion. Detta steg kan innefatta att bygga upp en känsla av förtroende och fördjupa ömsesidigt engagemang.

4. Fas av utmaningar eller konflikter.

Ingen relation är immun mot utmaningar eller konflikter. Dessa kan uppstå när skillnader mellan människor blir uppenbara eller när viktiga frågor tas upp. Utmanings- eller konfliktstadiet är en kritisk tid då människor behöver arbeta tillsammans för att lösa problem och förbättra relationen.

5. Engagemangsstadium.

I engagemanget bestämmer sig människor för att engagera sig djupare i relationen. Detta kan visa sig genom äktenskap, samboende eller andra betydande åtaganden. Engagemang indikerar en stark önskan att fortsätta relationen på lång sikt.

6. Fas av försoning eller förstärkning.

Efter att ha stått inför konflikter eller utmaningar går många relationer igenom en fas av försoning eller förstärkning. Under detta skede kan människor stärka sitt band, lära sig av tidigare erfarenheter och arbeta tillsammans för att övervinna svårigheter.

7. Fas av kontinuerlig tillväxt eller nedgång.

Relationer kan fortsätta att växa och utvecklas över tid om de vårdas och vårdas. Men om det försummas eller om båda parters behov förändras, kan ett förhållande gå in i en fas av nedgång.

Det är viktigt att notera att inte alla relationer följer samma väg eller når alla dessa stadier. Dessutom kan tiden som spenderas i varje steg variera mycket från relation till relation.

Att förstå vilket stadium en relation befinner sig i kan hjälpa dig att förutse de utmaningar och möjligheter som kan uppstå och arbeta tillsammans för att bygga starka och varaktiga mellanmänskliga relationer. I nästa kapitel kommer vi att utforska i detalj hur man hanterar varje steg effektivt.

Bygga förtroende i relationer

Förtroende är en grundläggande del i alla mellanmänskliga relationer. Utan tillit kan relationer vara ömtåliga och svåra att upprätthålla. I det här kapitlet kommer vi att utforska hur man bygger och upprätthåller förtroende i relationer.

1. Öppen och ärlig kommunikation.

Grunden för förtroende är öppen och ärlig kommunikation. Det innebär att vara ärliga mot varandra, dela tankar, känslor och upplevelser på ett transparent och direkt sätt. Att undvika lögn och sekretess är avgörande för att bygga och upprätthålla ömsesidigt förtroende.

2. Respekt och respekt för personliga gränser.

Ömsesidig respekt är avgörande för förtroende. Varje individ har sina egna personliga begränsningar, behov och gränser. Att respektera dessa gränser visar respekt och bidrar till att skapa en miljö av förtroende. Att be om samtycke och lyssna på den andres behov är viktiga komponenter för respekt.

3. Överensstämmelse mellan ord och handlingar.

Överensstämmelse mellan vad du säger och vad du gör är avgörande för att bygga förtroende. Hållna löften och handlingar som överensstämmer med ord förstärker det ömsesidiga förtroendet. Å andra sidan, att säga en sak och göra en annan kan snabbt urholka förtroendet.

4. Hantera konflikter konstruktivt.

Konflikter är oundvikliga i alla relationer. Hur du hanterar konflikter kan dock ha en betydande inverkan på förtroendet. Att närma sig konflikter med respekt, lyssna på varandras perspektiv och söka samarbetslösningar kan bygga upp förtroende snarare än att undergräva det.

5. Visa empati och vara närvarande.

Att visa empati innebär att förstå och dela varandras känslor. Att vara närvarande, det vill säga att vara närvarande mentalt och känslomässigt under interaktioner, är avgörande för att bygga förtroendeband. När människor känner sig hörda, förstådda och empatiskt stödda är det mer sannolikt att de litar på varandra.

6. Respektera integritet och konfidentialitet.

Respekt för integritet och sekretess är viktigt. Att hålla delad personlig information hemlig och respektera varandras integritet bidrar till att skapa en säker och förtroendefull miljö.

7. Var pålitlig och konstant.

Förtroende byggs över tid genom konsekvens och tillförlitlighet. Att vara närvarande i varandras liv och göra det du säger att du kommer att göra kommer att bidra till att bygga upp ett rykte om pålitlighet.

8. Be om feedback och positiv bekräftelse.

Att be om feedback på hur relationen går och att regelbundet ge positivt erkännande kan hjälpa till att bygga förtroende. Detta visar på ett intresse för varandras välmående och en vilja att förbättra relationen.

Att bygga förtroende tar tid, ansträngning och engagemang. Det är också viktigt att komma ihåg att tillit kan vara sårbart och skört, så det är viktigt att behandla det med omsorg. Genom att fortsätta arbeta med öppen kommunikation, ömsesidig respekt och konsekvens i ord och handling kan varaktiga och meningsfulla relationer baserade på förtroende skapas och upprätthållas.

43

Konfliktlösning

Konflikter är en oundviklig del av mellanmänskliga relationer. Deras effektiva hantering är dock avgörande för att bevara och stärka relationer snarare än att skada dem. I det här kapitlet kommer vi att utforska strategier för att lösa konflikter på ett konstruktivt sätt.

1. Förstå konfliktens natur.

Det första steget för att lösa en konflikt är att förstå dess natur. Konflikter uppstår ofta från en mängd olika källor, inklusive meningsskiljaktigheter, ouppfyllda behov eller missförstånd. Att identifiera den underliggande orsaken till konflikten kan hjälpa till att hitta en lämplig lösning.

2. Behåll lugnet och lugnet.

Det är lätt att bli känslomässig under en konflikt, men lugn är viktigt. Försök att behålla känslomässigt lugn och undvika impulsiva reaktioner. Att andas djupt och ta sig tid att reflektera kan vara till hjälp.

3. Aktivt lyssnande och empati.

Aktivt lyssnande är avgörande under en konflikt. Lyssna noga på den andra personens perspektiv utan att avbryta dem. Försök att förstå deras känslor och oro, visa empati. När människor känner sig lyssnade på och empatiskt förstådda är de mer benägna att samarbeta för att lösa konflikter.

4. Tydlig och respektfull kommunikation.

Att kommunicera tydligt är viktigt under en konflikt. Uttryck dina bekymmer öppet men respektfullt. Undvik att använda anklagande eller kränkande språk. Använd "jag" istället för "du" för att undvika att den andra personen känner sig attackerad.

5. Identifiera samarbetslösningar.

Istället för att leta efter en vinnare och en förlorare, leta efter samarbetslösningar som tillfredsställer båda parter. Arbeta tillsammans för att hitta kompromisser eller lösningar som respekterar bådas behov.

6. Lös ett problem i taget.

Om det finns flera problem på spel, ta itu med dem en i taget. Att lösa en fråga i taget kan förhindra att konflikten blir för komplicerad och kan göra det lättare att fokusera på varje fråga på djupet.

7. Betona betydelsen av relationer.

Kom ihåg vikten av relationen under konfliktlösningsprocessen. Ofta kan relationer uppstå ur konflikt starkare och mer sammanhållna när de hanteras effektivt. Att förstå att målet är att bevara och förbättra relationen kan hjälpa till att hålla perspektivet.

8. Acceptera meningsskiljaktigheter.

Alla konflikter kan inte lösas till båda parters belåtenhet. I vissa situationer kan det vara nödvändigt att acceptera att det finns meningsskiljaktigheter eller behov som inte helt kan förenas. I sådana fall är det viktiga att hantera konflikten så att den inte irreparabelt skadar relationen.

Att lösa konflikter kräver övning och tålamod. Men att lära sig att hantera konflikter konstruktivt kan stärka relationer och främja ömsesidig förståelse. I nästa kapitel kommer vi att utforska strategier för att förebygga konflikter och förbättra kommunikationen inom relationer.

Känslohantering i relationer

Känslor spelar en central roll i mellanmänskliga relationer. Effektiv känslohantering är nyckeln till att bygga sunda och tillfredsställande relationer. I det här kapitlet kommer vi att utforska vikten av att hantera känslor och tillhandahålla strategier för att göra det effektivt.

1. Känslomässig medvetenhet.

Det första steget i att hantera känslor är att utveckla emotionell medvetenhet. Det innebär att kunna identifiera och förstå sina egna och andras känslor. Känslomässig medvetenhet gör att du kan reagera mer eftertänksamt på känslomässiga situationer.

2. Förstå ursprunget till känslor.

Det är viktigt att undersöka känslornas ursprung. Ofta har känslomässiga reaktioner djupa rötter i tidigare erfarenheter eller personliga förväntningar. Att förstå dessa ursprung kan hjälpa dig att hantera känslor bättre.

3. Effektiv känslomässig kommunikation.

Att kommunicera dina känslor öppet och respektfullt är viktigt för att hantera känslor i relationer. Att uttrycka känslor tydligt och respektfullt kan förhindra missförstånd och hjälpa till att hitta lösningar.

4. Empati och förståelse för andras känslor.

Att vara empatisk och försöka förstå andras känslor är lika viktigt. Empati kan hjälpa dig att skapa starkare kontakter och närma dig känslomässiga situationer med förståelse.

5. Ta dig tid att reflektera.

När man hanterar intensiva känslor kan det vara bra att ta sig tid att reflektera innan man reagerar. Detta kan förhindra impulsiva reaktioner och låta dig välja ett mer eftertänksamt svar.

6. Emotion Management Strategier.

Det finns många praktiska strategier för att hantera känslor:

- Träning: Fysisk aktivitet kan hjälpa till att släppa stress och förbättra det känslomässiga välbefinnandet.
- Meditation: Övningar som meditation kan hjälpa till att utveckla emotionell medvetenhet och hantera stress.
- Slappna av: Avslappningstekniker som djupandning eller progressiv muskelavslappning kan minska ångest och känslomässigt lidande.
- Rådgivning eller terapi: I vissa situationer kan det vara bra att söka stöd från en mentalvårdspersonal för att hantera och bearbeta komplexa känslor.

7. Arbetar med frustration och irritation.

Känslor som frustration och irritation kan dyka upp i relationer. Att lära sig känna igen dessa känslor och hantera dem konstruktivt är viktigt för att undvika skadliga konflikter.

8. Lär dig att förlåta.

Förlåtelse är en handling för att hantera känslor. Att lära sig att förlåta andra och sig själv kan lätta bördan av negativa känslor och främja känslomässigt välbefinnande.

Att hantera känslor kräver övning och medvetenhet. Att arbeta med dessa färdigheter kan bidra till att skapa mer stabila och tillfredsställande relationer, där känslor hanteras på ett hälsosamt och konstruktivt sätt. I nästa kapitel kommer vi att utforska strategier för att förebygga konflikter och förbättra kommunikationen i relationer.

Empati och förståelse

Empati och förståelse är två grundläggande egenskaper för att bygga sunda och djupa mellanmänskliga relationer. Dessa förmågor låter dig ansluta till andra på en djupare nivå, vilket främjar närhet och solidaritet. I det här kapitlet kommer vi att utforska vikten av empati och förståelse i relationer och ge tips om hur man kan utveckla dem.

1. Empati: Att sätta sig i den andres skor.

Empati är förmågan att sätta sig själv i en annans situation, att förstå deras känslor, tankar och perspektiv. Det är en handling att förstå och dela andras känslor.

Här är några strategier för att utveckla empati:

- Aktivt lyssnande: Lyssna noga på vad den andra personen säger, var uppmärksam på deras känslor och behov.
- Empatisk ifrågasättande: Ställ frågor som visar intresse för den andres känslor och upplevelser. Till exempel, "Hur kände du när det här hände?"
- Reflektion av känslor: Reflektera vad du har hört från den andra personen. Till exempel, "Du verkar väldigt glad/ledsen/orolig över detta."
- Föreställ dig perspektivet: Försök att föreställa dig hur den andra personen kan känna sig i en given situation, baserat på deras erfarenheter och känslor.

2. Förståelse: Fördjupning av kunskap.

Förståelse är processen att lära sig mer om den andra, förstå deras personlighet, intressen, livserfarenheter och utmaningar.

Här är några strategier för att utveckla förståelse:

- Meningsfulla samtal: Ha meningsfulla samtal som går bortom ytan. Fråga den andra personen om deras drömmar, passioner och livserfarenheter.
- Personlig delning: Dela personliga aspekter av ditt liv och erfarenheter för att skapa en djupare anslutning.
- Kontinuerligt lyssnande: Fortsätt att lyssna och lära av andra över tiden. Människor förändras och växer, och deras sammanhang kan utvecklas.
3. Fördelarna med empati och förståelse.

Att utveckla empati och förståelse erbjuder ett antal fördelar i mellanmänskliga relationer:

- Öka kopplingen: När människor känner sig förstådda och empatiskt stödda utvecklas en djupare koppling.
- Minskar konflikter: Empati kan förebygga eller lösa konflikter, eftersom människor är mer benägna att samarbeta när de känner sig förstådda.
- Främjar tillit: Empati och förståelse hjälper till att bygga ömsesidigt förtroende i relationer.
- Förbättra kommunikationen: När människor förstår varandra blir kommunikationen mer effektiv och tydlig.
- Stärk relationen: Empati och förståelse kan göra relationer mer motståndskraftiga och givande.

Empati och förståelse tar tid, ansträngning och konstant övning. Men deras utveckling kan leda till rikare och mer tillfredsställande relationer. I nästa kapitel kommer vi att utforska strategier för att upprätthålla sunda och långvariga relationer på lång sikt.

TYPER AV INTERNPERSONLIGA RELATIONER

52

Familjerelationer

Familjerelationer är några av de mest betydelsefulla och långvariga relationerna i en persons liv. Dessa relationer kan vara fulla av kärlek och stöd, men de kan också vara komplexa och utmanande. I det här kapitlet kommer vi att utforska betydelsen av familjerelationer och ge tips om hur man kan odla dem på ett hälsosamt och harmoniskt sätt.

1. Betydelsen av familjerelationer.

Familjerelationer spelar en central roll i varje individs liv. De är ofta de första relationerna vi upplever, och de kan ha en djupgående inverkan på vår identitet och känslomässiga välbefinnande. Familjerelationer kan inkludera föräldrar, bröder, systrar, mor- och farföräldrar, farbröder, kusiner och andra betydelsefulla personer.

2. Öppen kommunikation och empati.

Öppen och empatisk kommunikation är avgörande i familjerelationer. Familjer trivs när det finns ett säkert utrymme att uttrycka tankar och känslor. Empati är särskilt viktigt, eftersom det tillåter familjemedlemmar att förstå andras perspektiv och hantera konflikter på ett konstruktivt sätt.

3. Respekt för skillnader.

Familjer består ofta av individer med olika personligheter, åsikter och livsstilar. Respekt för olikheter är avgörande för att undvika konflikter och främja harmoni i familjen. Att lära sig att respektera andras val och åsikter kan hjälpa till att upprätthålla positiva relationer.

4. Dela speciella ögonblick.

Familjer drar nytta av att dela speciella stunder och familjetraditioner. Dessa ögonblick kan skapa bestående band och glada minnen. Aktiviteter som familjemiddagar, semestrar tillsammans eller högtidsfirande kan stärka familjeanknytningen.

5. Hantering av familjekonflikter.

Familjekonflikter är oundvikliga, men att hantera dem är avgörande för att upprätthålla sunda relationer. Att lära sig att lösa konflikter konstruktivt och undvika skadlig dynamik är avgörande för familjens stabilitet.

6. Stödja familjens välfärd.

Att stödja det fysiska och känslomässiga välbefinnandet för alla familjemedlemmar är ett viktigt mål. Detta kan inkludera att ta hand om mental hälsa, främja en hälsosam livsstil och skapa en positiv familjemiljö.

7. Etablera sunda gränser.

Att sätta sunda gränser är avgörande för att upprätthålla positiva familjerelationer. Dessa gränser kan inkludera tid tillsammans, förväntningar och ömsesidig respekt. Ibland behöver du lära dig att säga "nej" för att skydda ditt välbefinnande.

8. Förlåtelse och medkänsla.

Familjer kan gå igenom svåra tider, men förlåtelse och medkänsla kan hjälpa till att läka sår och stärka familjebandet. Att lära sig att förlåta och välkomna förändring är viktigt för att upprätthålla varaktiga familjerelationer.

Familjerelationer kräver konstant engagemang och engagemang, men de är ett viktigt stöd i varje individs liv. Att odla sunda och kärleksfulla familjerelationer kan leda till större lycka och tillfredsställelse i det dagliga livet.

Dessutom kan det vara bra att söka stöd från en kurator eller familjeterapeut när familjedynamiken blir komplex eller problematisk.

Romantiska relationer

Romantiska relationer är en viktig aspekt av livet för många individer. Dessa relationer kan ge kärlek, intimitet, stöd och personlig tillväxt, men de kan också ge utmaningar och svårigheter. I det här kapitlet kommer vi att utforska dynamiken i romantiska relationer och ge råd om hur man bygger och upprätthåller en hälsosam och tillfredsställande romantisk relation.

1. Öppen och ärlig kommunikation.

Kommunikation är en hörnsten i romantiska relationer. Det är viktigt att vara öppen och ärlig med din partner om dina känslor, behov och önskningar. Brist på kommunikation kan leda till missförstånd och växande känslomässig distans.

2. Empati och förståelse.

Empati och förståelse är lika viktigt i ett romantiskt förhållande. Att förstå din partners känslor och perspektiv kan stärka det känslomässiga bandet och skapa en djupare koppling.

3. Ömsesidig respekt och aktning.

Ömsesidig respekt är avgörande för framgången för ett romantiskt förhållande. Detta innebär att behandla din partner med vänlighet, respekt och aktning. Att undvika sarkasm, kränkningar och verbala övergrepp är avgörande för att upprätthålla en miljö av respekt.

4. Emotionell och fysisk intimitet.

Intimitet är en nyckelkomponent i romantiska relationer. Emotionell intimitet innebär att dela djupa känslor och personliga tankar, medan fysisk intimitet inkluderar gester av tillgivenhet, kramar, kyssar och sexuellt umgänge. Båda är viktiga för att upprätthålla en meningsfull koppling.

5. Konflikthantering.

Konflikt är vanligt i alla romantiska relationer. Att lära sig hantera konflikter konstruktivt, undvika utvecklingen till destruktiva argument, är viktigt. Detta inkluderar aktivt lyssnande, att använda "jag" istället för "du" under diskussioner och att tillsammans hitta lösningar.

6. Upprätthållande av individualitet.

Det är viktigt att behålla din individualitet i ett romantiskt förhållande. Glöm inte bort dina personliga intressen, mål och vänskaper. Att balansera livet som par och det individuella livet är viktigt.

7. Mål för personlig tillväxt och delning.

Romantiska relationer kan vara en möjlighet till personlig utveckling. Att dela mål, drömmar och framtidsplaner med din partner kan stärka relationen och skapa en känsla av gemensamt syfte.

8. Kvalitetstid och överraskningar.

Att investera kvalitetstid i relationen är viktigt. Det kan vara vanliga dejter, romantiska helger eller enkla kvällar tillsammans. Dessutom kan enstaka överraskningar hålla den romantiska energin vid liv.

Romantiska relationer kräver engagemang, tålamod och konstant arbete. Det är viktigt att komma ihåg att ingen relation är perfekt, och det kommer att finnas utmaningar längs vägen. Men med öppen kommunikation, ömsesidig respekt och ett engagemang för personlig och delad tillväxt är det möjligt att bygga och upprätthålla en tillfredsställande och varaktig romantisk relation.

58

Vänliga relationer

Vänliga relationer är ett viktigt inslag i varje individs liv. Vänner kan erbjuda känslomässigt stöd, gemensamma intressen och stunder av glädje. Att odla sunda och varaktiga vänskaper kräver uppmärksamhet och engagemang. I det här kapitlet kommer vi att utforska vikten av vänskapliga relationer och ge råd om hur man utvecklar och underhåller dem.

1. Värdet av vänliga relationer.

Vänliga relationer är en viktig källa till känslomässigt stöd. Vänner kan dela glada stunder, ge råd, ge empatiskt lyssnande och hjälpa till under svåra tider. Dessa relationer kan bidra till känslomässigt välbefinnande och allmän lycka.

2. Bygger nya vänskaper.

Att bygga nya vänskaper kan vara en givande process. För att göra detta hjälper det att delta i sociala evenemang och aktiviteter, gå till platser där du kan träffa människor med liknande intressen och anstränga dig för att skapa kontakter med nya människor.

3. Upprätthålla befintliga relationer.

Att upprätthålla befintliga vänskapliga relationer kräver ansträngning. Det är viktigt att anstränga sig för att hålla kontakten med vänner, spendera tid tillsammans och visa uppskattning för deras närvaro i ditt liv.

4. Öppen kommunikation.

Öppen kommunikation är avgörande i vänskapliga relationer. Att dela tankar, känslor och erfarenheter öppet och ärligt bygger en grund av ömsesidigt förtroende. Aktivt lyssnande är lika viktigt;

att verkligen lyssna på vad vänner säger och visa empati kan stärka bandet.

5. Ömsesidig respekt och förståelse.

Ömsesidig respekt är avgörande i vänskap. Att respektera vänners åsikter, gränser och personliga skillnader är avgörande för att upprätthålla en sund relation. Det är också lika viktigt att försöka förstå varandras perspektiv och vara empatisk.

6. Dela intressen och aktiviteter.

Att dela gemensamma intressen och aktiviteter är ett utmärkt sätt att stärka vänskapliga relationer. Att delta i hobbyer, sporter eller andra aktiviteter tillsammans kan skapa närmare band.

7. Att vara en god vän.

För att upprätthålla positiva vänskapsrelationer är det viktigt att vara en god vän. Det innebär att vara tillgänglig för vänner när de behöver stöd, vara pålitlig och respektera deras behov och gränser.

8. Står inför utmaningar.

Även vänskap kan gå igenom utmaningar och konflikter. Att ta itu med dessa utmaningar öppet och respektfullt kan hjälpa till att lösa problem och stärka relationen.

Vänliga relationer kan vara en källa till glädje och stöd i varje individs liv. Att odla vänliga relationer kräver ansträngning, förståelse och tid. Men det känslomässiga stödet och de meningsfulla förbindelserna som kan uppnås genom vänskap är ofta en värdefull investering i övergripande välbefinnande.

Professionella relationer

Professionella relationer spelar en betydande roll i vårt arbetsliv och kan ha en direkt inverkan på karriärframgång och tillfredsställelse. Att odla och hantera effektiva professionella relationer är avgörande för karriärutveckling och för att skapa en positiv arbetsmiljö. I det här kapitlet kommer vi att utforska vikten av professionella relationer och ge tips om hur man kan utveckla dem.

1. Vikten av professionella relationer.

Professionella relationer är avgörande i alla arbetsmiljöer. De kan påverka produktivitet, känslomässigt välbefinnande och karriärtillväxt. De bygger på samarbete, effektiv kommunikation och förmåga att arbeta i team.

2. Effektiv kommunikation.

Effektiv kommunikation är avgörande i professionella relationer. Detta inkluderar förmågan att uttrycka dina idéer tydligt, lyssna noga på andra och svara konstruktivt på kritik. Öppen och ärlig kommunikation skapar en positiv arbetsmiljö.

3. Bygga ett nätverk av kontakter.

Att bygga ett professionellt nätverk är viktigt för karriärutvecklingen. Att delta i branschevenemang, konferenser eller seminarier kan hjälpa dig att skapa värdefulla kontakter. Att använda professionella sociala medier som LinkedIn kan dessutom göra det lättare att få kontakt med kamrater och proffs i din bransch.

4. Samarbete och lagarbete.

Förmågan att samarbeta och arbeta som ett team är en grundläggande aspekt av professionella relationer. Att vara öppen för olika perspektiv och bidra till den kollektiva framgången är avgörande för ett effektivt samarbete.

5. Hantering av professionella konflikter.

Konflikter kan uppstå i en professionell miljö, men det är viktigt att hantera dem på ett konstruktivt sätt. Att lära sig att lösa konflikter med respekt och hitta lösningar som tillfredsställer båda parter är en ovärderlig färdighet.

6. Respekt och professionalism.

Ömsesidig respekt är avgörande i professionella relationer. Att bemöta kollegor, överordnade och samarbetspartners med artighet, respekt och professionalism skapar en positiv arbetsmiljö.

7. Profesionell tillväxt.

Professionella relationer kan bidra till din professionella tillväxt och utveckling. Att söka feedback, lära av mer erfarna kamrater och söka mentorer är sätt att förbättra dina färdigheter och avancera din karriär.

8. Upprätthålla en balans mellan arbete och privatliv.

Att upprätthålla en balans mellan arbete och privatliv är avgörande för din hälsa och ditt välbefinnande. Se till att du avsätter den nödvändiga tiden i ditt liv utanför jobbet för att undvika utbrändhet och bevara dina personliga relationer.

Professionella relationer är en avgörande aspekt av arbetslivet och kan påverka din professionella framgång och lycka.

Att odla dem kräver engagemang och ständig uppmärksamhet, men de kan leda till givande karriärmöjligheter och en positiv arbetsmiljö.

Virtuella relationer

I den moderna världen blir virtuella relationer allt vanligare. Tekniken tillåter oss att få kontakt med människor över hela världen, både för personliga och professionella ändamål. I det här kapitlet kommer vi att utforska vikten av virtuella relationer och ge råd om hur man hanterar dem effektivt.

1. Vikten av virtuella relationer.

Virtuella relationer kan vara lika meningsfulla som relationer ansikte mot ansikte. De kan involvera onlinevänskap, romantiska långdistansrelationer, affärspartnerskap på distans och mycket mer. Virtuella relationer kan erbjuda stöd, anslutning och unika möjligheter.

2. Effektiv onlinekommunikation.

Onlinekommunikation är avgörande för virtuella relationer. Använd lämpliga kommunikationsverktyg, såsom e-post, chatt, videosamtal eller sociala medieplattformar. Se till att du är tydlig och respektfull i din kommunikation, eftersom brist på icke-verbala signaler kan leda till missförstånd.

3. Ställa in och underhålla gränser.

Virtuella relationer kan vara intensiva, så det är viktigt att sätta och upprätthålla sunda gränser. Respektera din personliga tid och utrymme och se till att andra gör detsamma.

4. Äkthet och ärlighet.

Var autentisk och ärlig i dina virtuella relationer. Försök inte att vara någon du inte är, eftersom uppriktighet är avgörande för att bygga förtroende online.

5. Online säkerhet.

Skydda din onlinesäkerhet. Använd säkra lösenord, undvik att dela känslig personlig information med främlingar och akta dig för onlinebedrägerier.

6. Personlig utveckling.

Virtuella relationer kan erbjuda möjligheter till personlig utveckling. Du kan lära av människor med olika bakgrund och få nya kulturella perspektiv och erfarenheter.

7. Virtuell konflikthantering.

Konflikter kan också uppstå i virtuella relationer. Lär dig att hantera dem konstruktivt med öppen och respektfull kommunikation.

8. Att skapa meningsfulla kopplingar.

Försök att skapa meningsfulla kopplingar i dina virtuella relationer. Delta aktivt i konversationer, dela gemensamma intressen och ta dig tid att lära känna människor bättre.

Virtuella relationer erbjuder unika möjligheter att få kontakt med människor över hela världen, men de kräver uppmärksamhet och medveten hantering. De kan berika ditt liv och ditt sociala nätverk, men det är viktigt att hålla dem friska och balanserade. Med rätt kommunikation och ett autentiskt förhållningssätt kan virtuella relationer vara givande och meningsfulla.

INTERNPERSONLIGA RELATIONER I SPECIFIKA SITUATIONER

Relationer på jobbet

Relationer på jobbet är en avgörande del i ditt yrkesliv. Vi tillbringar större delen av vår tid på jobbet, och kvaliteten på relationerna med kollegor, överordnade och medarbetare kan direkt påverka vår lycka och professionella framgång. I det här kapitlet kommer vi att utforska betydelsen av relationer på jobbet och ge råd om hur man hanterar dem effektivt.

1.   Vikten av relationer på jobbet.

Relationer på jobbet är avgörande för en hälsosam och produktiv arbetsmiljö. De kan påverka din nivå av arbetstillfredsställelse, din karriärtillväxt och din totala lycka.

2.   Effektiv kommunikation.

Kommunikation är nyckeln i relationer på jobbet. Oavsett om du samarbetar med kollegor, rapporterar till överordnade eller hanterar medarbetare, är det viktigt att kommunicera tydligt och effektivt. Aktivt lyssnande är lika viktigt som förmågan att uttrycka idéer och åsikter.

3.   Respekt och professionalism.

Ömsesidig respekt och professionalism är avgörande i relationer på jobbet. Behandla kollegor med artighet och respekt, respektera andras åsikter och skapa en positiv arbetsmiljö.

4.   Lagarbete och samarbete.

Förmågan att arbeta i team och samarbeta med andra är avgörande i många arbetsmiljöer. Var öppen för andras idéer, dela kunskap och erfarenheter och bidra till kollektiv framgång.

5.   Konflikthantering.

Konflikter kan uppstå inom den professionella sfären. Lär dig att hantera dem konstruktivt, söka lösningar som tillfredsställer båda parter och undvika skadliga tvister.

6. Professionellt nätverkande.

Att bygga ett nätverk av professionella kontakter är en viktig aspekt av din karriärtillväxt. Delta i branschevenemang, konferenser eller seminarier och försök skapa kopplingar som är användbara för ditt arbetsområde.

7. Profesionell tillväxt.

Relationer på jobbet kan påverka din karriärtillväxt. Be om feedback från kollegor och överordnade, sök mentorskap och dela kunskap för att förbättra dina färdigheter och avancera din karriär.

8. Balans mellan jobb och privatliv.

Att upprätthålla en hälsosam balans mellan arbete och privatliv är avgörande för din hälsa och ditt välbefinnande. Avsätt tid för ditt liv utanför jobbet för att förhindra utbrändhet och bevara dina personliga relationer.

Relationer på jobbet kan ha en betydande inverkan på ditt yrkesliv och privatliv. Att odla dem kräver engagemang och ständig uppmärksamhet, men de kan leda till givande karriärmöjligheter och en positiv arbetsmiljö.

Relationer i samhället

Samhällsrelationer är en avgörande faktor för välbefinnandet och sammanhållningen i ett samhälle. Samhället är där vi bor, arbetar och delar resurser med andra, och det är viktigt att odla positiva relationer för att förbättra livskvaliteten och främja en hälsosam och stödjande gemenskap. I det här kapitlet kommer vi att utforska vikten av gemenskapsrelationer och ge tips om hur man kan utveckla dem effektivt.

1. Vikten av relationer i gemenskapen.

Samhällsrelationer bidrar till känslan av tillhörighet och livskvalitet i ditt bostadsområde. De kan förbättra samhällets medlemmars säkerhet, samarbete och övergripande lycka.

2. Aktivt engagemang.

Att aktivt delta i samhället är ett effektivt sätt att bygga positiva relationer. Gå med i samhällsevenemang, volontäraktiviteter och lokala grupper för att träffa människor med liknande intressen.

3. Kommunikation och lyssnande.

Öppen kommunikation och bra lyssnande är avgörande i samhällsrelationer. Lär dig att dela dina idéer och åsikter med respekt och att uppmärksamma andras behov och perspektiv.

4. Samarbete och samhällsprojekt.

Att samarbeta med andra samhällsmedlemmar i gemensamma projekt eller initiativ kan stärka relationer och förbättra samhället som helhet. Att arbeta tillsammans i projekt kan skapa en känsla av syfte och delad prestation.

5. Respekt för mångfald.

Gemenskaper består ofta av människor med olika bakgrund, kulturer och erfarenheter. Respekt för mångfald är avgörande för att undvika konflikter och främja inkludering.

6. Att ta itu med samhällsutmaningar.

Varje samhälle står inför specifika utmaningar. Att samarbeta med andra för att ta itu med dessa utmaningar, såsom säkerhets-, miljö- eller sociala frågor, kan stärka samhällets sociala struktur.

7. Stöd för utsatta medlemmar.

Att erbjuda stöd till de mest utsatta medlemmarna i samhället är en handling av medkänsla och solidaritet. Det kan handla om vård av äldre, barn eller personer med särskilda behov.

8. Utbildning och medvetenhet.

Samhällsutbildning och uppsökande verksamhet kan bidra till att skapa en djupare förståelse för utmaningarna och möjligheterna i ditt område. Organisera utbildningsevenemang eller delta i medvetenhetsinitiativ för att aktivt engagera samhällsmedlemmar.

Samhällsrelationer är avgörande för att bygga ett sammanhållet och stödjande samhälle. Att odla dem kräver engagemang och aktivt deltagande, men de kan leda till en bättre livskvalitet för dig och andra medlemmar i ditt samhälle.

Relationer i skolan

Relationer i skolan är avgörande för framgång och välmående för elever, lärare och skolpersonal. En skola där relationerna är positiva och stödjande skapar en mer effektiv och givande lärmiljö. I det här kapitlet kommer vi att utforska betydelsen av relationer i skolan och ge tips om hur man kan utveckla dem effektivt.

1. Vikten av relationer i skolan.

Relationer i skolan är avgörande för elevernas tillväxt och utveckling. De kan påverka akademisk framgång, känslomässigt välbefinnande och social kompetensbildning.

2. Relationer mellan elever och lärare.

Relationer mellan elever och lärare är en väsentlig del av skolupplevelsen. Lärare kan ha en bestående inverkan på elevernas liv genom att erbjuda stöd, inspiration och vägledning. Studenter, å andra sidan, kan lära av expertlärare och dra nytta av deras erfarenhet.

3. Relationer mellan studenter och kamrater.

Relationer mellan elever och kamrater är lika viktiga. Eleverna utvecklar sociala färdigheter, empati och ömsesidigt stöd genom vänskap och interaktion med andra elever.

4. Kommunikation och aktivt lyssnande.

Öppen kommunikation och aktivt lyssnande är nyckeln till relationer i skolan. Lärare måste kunna kommunicera effektivt med eleverna, lyssna på deras behov och svara på deras frågor. På samma sätt bör eleverna lära sig att kommunicera tydligt och respektfullt med sina lärare och klasskamrater.

5. Bygga stödjande relationer.

Lärare och skolpersonal bör arbeta för att bygga upp stödjande relationer med eleverna. Detta kan inkludera att erbjuda extra hjälp till kämpande elever, erkänna elevernas framgångar och skapa en inkluderande och välkomnande klassrumsmiljö.

6. Lös konflikter.

Det kan uppstå konflikter i skolmiljön. Att lära elever hur man löser konflikter konstruktivt är en viktig aspekt av social och emotionell utbildning.

7. Personlig tillväxt och utveckling av sociala färdigheter.

Relationer i skolan bidrar till elevers personliga utveckling och utveckling av sociala färdigheter. Att lära sig att samarbeta, kommunicera och interagera med andra är en avgörande aspekt av utbildning.

8. Föräldrarnas engagemang.

Att involvera föräldrar i skolrelationer är lika viktigt. Lärare och skolpersonal kan arbeta med föräldrar för att stödja elever och ta itu med pedagogiska utmaningar.

Relationer i skolan kan ha en bestående inverkan på elevernas liv. Att odla dem kräver engagemang från lärare, skolpersonal, elever och föräldrar. En skolmiljö baserad på positiva relationer kan förbättra lärandet och välmåendet för alla inblandade.

Relationer i konfliktsituationer

Konfliktsituationer är oundvikliga i livet och kan uppstå i personliga, professionella, familje- och samhällsrelationer. Att lära sig hantera relationer under konflikter är en avgörande färdighet för att främja ömsesidig förståelse och konstruktiv problemlösning. I det här kapitlet kommer vi att utforska hur man hanterar relationer i konfliktsituationer och ger råd om hur man hanterar dem effektivt.

1. Förstå orsakerna till konflikter.

Den första nyckeln till att hantera konflikter är att förstå dess orsaker. Att identifiera orsakerna bakom konflikten kan hjälpa dig att hitta lämpliga lösningar och förhindra att det händer igen i framtiden.

2. Öppen och empatisk kommunikation.

Kommunikation är viktigt under en konflikt. Prata med de andra inblandade på ett öppet, ärligt och empatiskt sätt. Försök att förstå deras perspektiv och känslor och dela dina tankar tydligt och respektfullt.

3. Aktivt lyssnande.

Aktivt lyssnande är en avgörande komponent i kommunikation under konflikter. Fokusera på att verkligen lyssna på vad den andra personen säger, utan avbrott eller dömande. Ställ frågor för att förtydliga och visa empati.

4. Ömsesidig respekt.

Ömsesidig respekt är nyckeln under konflikter. Behandla andra med artighet och respekt, även om du inte håller med dem. Undvik kränkande språk eller aggressivt beteende.

5. Sök efter vanliga lösningar.

Huvudmålet under en konflikt bör vara sökandet efter gemensamma lösningar som tillfredsställer båda sidor. Istället för att försöka "vinna" konflikten, arbeta för att hitta en gemensam grund som kan leda till en positiv lösning.

6. Involvera en medlare.

I särskilt komplexa konfliktsituationer kan det vara till hjälp att involvera en neutral medlare. En medlare kan underlätta kommunikationen mellan parterna och hjälpa till att hitta acceptabla lösningar.

7. Lär dig av situationen.

När konflikten är löst, reflektera över situationen och lär av den. Fundera över vad du har lärt dig och hur du kan ta dig an liknande situationer annorlunda i framtiden.

8. Förlåtelse och medkänsla.

I vissa situationer kan förlåtelse och medkänsla vara viktiga komponenter i konfliktlösning. Att förlåta kan hjälpa till att släppa förbittring och återställa relationer.

Konfliktsituationer är oundvikliga i livet, men ditt svar på dem kan göra skillnad. Att lära sig att hantera relationer under konflikt konstruktivt kan leda till djupare ömsesidig förståelse och starkare relationer på sikt.

Relationer i mångkulturella situationer

Relationer i mångkulturella situationer erbjuder unika möjligheter och intressanta utmaningar. Det här kapitlet utforskar hur man framgångsrikt kan navigera i dynamiken i relationer när det kommer till kulturell mångfald.

1. Kulturell medvetenhet:
- Den första nyckeln till att hantera mångkulturella situationer är att utveckla kulturell medvetenhet.
- Lär dig att känna igen din egen kulturella övertygelse och vara öppen för mångfald.
2. Respekt och tolerans:
- Visa respekt för olika kulturer, undvik stereotyper och fördomar.
- Var öppen för dialog och förståelse för olika kulturella perspektiv.
3. Interkulturell kommunikation:
- Kulturella skillnader kan påverka kommunikationen.
- Var medveten om hur språk, gester och etikett kan variera mellan kulturer.
4. Interkulturell empati:
- Försök att förstå andras erfarenheter och utmaningar i olika kulturer.
- Tvärkulturell empati skapar starkare kopplingar och ömsesidig förståelse.
5. Kulturell anpassningsförmåga:
- Utveckla förmågan att anpassa sig till olika kulturella situationer och kommunikationsstilar.
- Att vara flexibel och öppen för förändring är nyckeln.
6. Att övervinna språkbarriärer:
- Språkskillnader kan vara ett hinder för kommunikation.

- Investera i att förbättra dina språkkunskaper eller leta efter kreativa sätt att övervinna denna utmaning.

7. Kulturkonflikter:

- Missförstånd av kulturella normer kan leda till konflikter.
- Var villig att diskutera och lösa eventuella konflikter öppet och respektfullt.

8. Positiva mellanmänskliga relationer:

- Mångkulturella relationer kan vara oerhört berikande.
- Var öppen för nya vänskaper och kontakter som spänner över mångfald.

9. Ledarskap i mångkulturella situationer:

- Om du är en ledare, lär dig hur du hanterar mångkulturella team effektivt.
- Främja en inkluderande arbetsmiljö som respekterar olikheter.

10. Fortsatt utbildning:

- Kulturell medvetenhet är en pågående process.
- Fortsätt att utbilda dig själv om olika kulturer och försök att ständigt förbättra dina interpersonella färdigheter i mångkulturella situationer.

Att hantera relationer i mångkulturella situationer kräver ett ständigt engagemang för lärande och förståelse. Men dessa relationer kan avsevärt berika ditt liv och ge möjligheter till betydande personlig och professionell tillväxt.

Var öppen, respektfull och nyfiken när du navigerar i denna fascinerande värld av kulturell mångfald i mellanmänskliga relationer.

SJÄLVVÄRDNING OCH SJÄLVVÅRD I RELATIONER

Vikten av självkänsla

Självkänsla är en grundläggande aspekt av mental hälsa och personligt välbefinnande. Det påverkar din förmåga att anta utmaningar, bygga positiva relationer och uppnå dina mål. I det här kapitlet kommer vi att utforska vikten av självkänsla och hur man kan odla den för ett mer tillfredsställande och tillfredsställande liv.

1. Definition av självkänsla.

Självkänsla är den subjektiva bedömning som en person har av sig själv. Det handlar om hur du uppfattar dig själv, hur mycket du värdesätter dig själv och hur mycket du tror på din egen förmåga och ditt värde.

2. Vikten av självkänsla.

Självkänsla är avgörande för olika aspekter av ditt liv:

- Självkänsla och känslomässigt välbefinnande: Positiv självkänsla är korrelerad med bättre mental hälsa. Det hjälper dig att hantera stress, ångest och depression mer effektivt.
- Självkänsla och relationer: Självkänsla påverkar dina relationer med andra. God självkänsla gör att du kan bygga hälsosammare relationer baserade på ömsesidigt förtroende.
- Självkänsla och framgång: Att tro på sig själv är avgörande för att uppnå dina personliga och professionella mål. En positiv självkänsla motiverar dig att driva utmaningar och övervinna hinder.

- Självkänsla och fysisk hälsa: Självkänsla kan också påverka din fysiska hälsa. Personer med positiv självkänsla tenderar att ta bättre hand om sina kroppar.

3. Odla positiv självkänsla.

Här är några strategier för att odla positiv självkänsla:

- Självacceptans: Acceptera dig själv för den du är, med dina styrkor och svagheter. Ingen är perfekt, och att acceptera dina begränsningar är ett viktigt steg mot självkänsla.
- Personliga utmaningar: Utmana dig själv och testa dig själv i situationer som driver dig utanför din komfortzon. Att kunna övervinna dessa utmaningar kan öka ditt självförtroende.
- Realistiska mål: Sätt upp realistiska och uppnåeliga mål. Framgång i små utmaningar kan hjälpa till att bygga upp självkänsla.
- Egenvård: Ta hand om din kropp och själ. Motion, en balanserad kost och tillräcklig vila kan påverka självkänslan positivt.
- Positiv kommunikation: Prata med dig själv på ett positivt sätt. Byt ut negativa tankar med mer konstruktiva och medkännande tankar.
- Hantera kritik: Lär dig hantera kritik på ett konstruktivt sätt, utan att låta dig få ner den. Lyssna på kritik och försök dra lärdomar av den.
- Uppskattning av framgångar: Fira dina framgångar, även de små. Att känna igen dina prestationer kan stärka självkänslan.

Positiv självkänsla är en värdefull gåva du kan ge dig själv. Det bidrar till ditt känslomässiga välbefinnande, relationer och personlig framgång. Investera tid och energi i dess tillväxt, och du kommer att upptäcka en positiv inverkan på ditt övergripande liv.

Jobba på din självkänsla

Att arbeta med din självkänsla är en pågående process som kräver engagemang och självreflektion. God självkänsla kan förbättra ditt liv på många sätt, bidra till ditt känslomässiga välbefinnande, relationer och personliga framgångar. I det här kapitlet kommer vi att utforska hur du effektivt kan arbeta med din självkänsla.

1. Självacceptans och självkännedom.

Det första steget i att förbättra din självkänsla är att utveckla självacceptans och självmedvetenhet. Acceptera dig själv för den du är, med styrkor och svagheter. Känn dina styrkor och svagheter och var villig att arbeta med dem.

2. Erkänn dina prestationer.

Gör en lista över dina framgångar, även de minsta. Att erkänna dina prestationer hjälper dig att utveckla en mer positiv syn på dig själv.

3. Lär dig av kritiken.

Hantera kritik konstruktivt. Lyssna på vad andra har att säga och se om det finns några områden du kan förbättra. Kom ihåg att kritik inte definierar hela din identitet.

4. Sätt realistiska mål.

Sätt upp realistiska och uppnåeliga mål. Framgång i små utmaningar kan stärka ditt självförtroende och stärka din självkänsla.

5. Positiv kommunikation med dig själv.

Byt ut negativa tankar med mer positiva och medkännande tankar. Undvik självkritik och ersätt den med självmedkänsla.

6. Personliga utmaningar.

Testa dig själv i situationer som driver dig utanför din komfortzon. Att övervinna dessa utmaningar kan öka ditt självförtroende.

7. Egenvård.

Ta hand om din kropp och själ. Motion, en balanserad kost och tillräcklig vila kan påverka självkänslan positivt.

8. Undvik perfektionism.

Undvik att leta efter perfektion. Ingen är perfekt, och att förvänta sig perfektion kan undergräva ditt självförtroende. Acceptera dina misstag och lär av dem.

9. Sök Support.

Prata med pålitliga vänner eller en terapeut om du kämpar med din självkänsla. Socialt stöd kan vara ovärderligt i din personliga utvecklingsresa.

10. Fira dina framgångar.

Fira dina framgångar, även de minsta. Att erkänna dina prestationer kan öka självkänslan.

Att arbeta med din självkänsla är en investering i din mentala hälsa och övergripande välbefinnande. Det kommer att ta tid och ansträngning, men resultaten kommer att vara ovärderliga.

God självkänsla hjälper dig att övervinna utmaningar, förbättra dina relationer och nå din personliga och professionella potential.

Egenvård i relationer

Egenvård är en viktig del för att upprätthålla sunda och givande relationer. Innan du effektivt kan vårda relationer med andra måste du ta hand om dig själv ordentligt. I det här kapitlet kommer vi att utforska vikten av egenvård i relationer och hur du kan utöva det.

1. Egenvård som stiftelse.

Egenvård är grunden på vilken sunda relationer vilar. När du tar hand om dig själv kan du ge mer till andra på ett hälsosamt och balanserat sätt.

2. Lyssna på dina känslomässiga behov.

Lyssna på dina känslomässiga behov och se till att du uppfyller dem. Erkänn dina känslor och leta efter sätt att hantera dem på ett hälsosamt sätt som inte skadar dina relationer.

3. Lär dig att planera tid för dig själv.

Boka tid för dig själv. Hitta stunder för avkoppling, självreflektion och egenvård, även om det är korta pauser i din dag.

4. Sätt gränser och upprätthåll dina gränser.

Sätt gränser i dina relationer och se till att de respekteras. Tveka inte att säga nej när det är nödvändigt för att skydda ditt välbefinnande.

5. Upprätthålla personliga intressen och aktiviteter.

Fortsätt att utöva dina personliga intressen och sysselsättningar. Offra inte helt din identitet för relationer. Att behålla dina passioner kan berika ditt liv och göra dig till en mer intressant person för andra.

6. Öppen och ärlig kommunikation.

Kommunicera dina behov och känslor öppet med klarhet och ärlighet. Sunda relationer bygger på kommunikation.

7. Ta hand om din fysiska och psykiska hälsa.

Ta hand om din fysiska och psykiska hälsa. Regelbunden träning, en balanserad kost och tillgång till psykologiskt stöd vid behov kan bidra till ditt allmänna välbefinnande.

8. Jobba på din självkänsla.

Att förbättra din självkänsla är en viktig aspekt av egenvård. Lär dig att älska dig själv och tro på ditt personliga värde.

9. Sök stöd från vänner och proffs.

Om du kämpar med egenvård eller känslomässiga problem, sök stöd från betrodda vänner eller mentalvårdspersonal. Tveka inte att be om hjälp när du behöver det.

10. Främja din personliga tillväxt.

Främja din personliga tillväxt genom att läsa, träna eller skaffa nya färdigheter. Personlig tillväxt kan öka din självkänsla och berika dina relationer.

Egenvård är en investering i din lycka och hälsan i dina relationer. När du tar hand om dig själv kan du erbjuda det bästa till andra och bidra till starkare och mer tillfredsställande relationer.

Upprätthåll balansen mellan att ge och ta emot

En av de största utmaningarna i relationer är att upprätthålla en sund balans mellan att ge och ta emot. Alltför ofta kan en del av relationen kännas överbelastad eller försummad om denna balans försvinner. I det här kapitlet kommer vi att utforska vikten av att hitta och bibehålla denna balans i relationer.

1. Förstå konceptet att ge och ta emot.

I relationer betyder "ge" att erbjuda känslomässigt stöd, tid, uppmärksamhet och resurser till den andra personen. "Att ta emot" innebär att ta emot stöd och hjälp från andra. Båda aspekterna är viktiga för att upprätthålla sunda relationer.

2. Att känna igen tecknen på en obalans.

Ett första steg för att upprätthålla balansen är att vara medveten om tecken som tyder på en obalans. Dessa kan inkludera känslor av utnyttjande, förbittring eller utbrändhet.

3. Öppen kommunikation.

Öppen kommunikation är nyckeln till att ta itu med balansfrågor i relationen. Prata med den andra personen om dina känslor och behov. Lyssna också på deras oro och behov.

4. Sätt tydliga gränser.

Sätt tydliga gränser i relationen. Dessa kan relatera till den tid, energi eller resurser du är villig att investera. Respektera dina gränser och se till att de respekteras av andra.

5. Leta efter en balans i förhållandets olika sfärer.

En balans mellan att ge och att ta kan variera inom olika sfärer av relationen. Till exempel kan du i vissa situationer vara den främsta emotionella stödjaren, medan du i andra kan vara den som får stöd.

6. Kom ihåg att relationer är dynamiska.

Relationer är dynamiska och kan förändras över tid. Det gör att balansen mellan att ge och att ta kan variera beroende på omständigheterna.

7. Tveka inte att be om hjälp.

Om en obalans kvarstår eller om relationen är allvarligt skadad av den, kan det vara nödvändigt att söka hjälp av en terapeut eller kurator för att komma till rätta med situationen.

8. Odla tacksamhet.

Utveckla en tacksamhetsövning. Att erkänna och uppskatta det man får från andra kan stärka er känsla av uppskattning för varandra.

9. Självläkande balans.

Håll balans även i egenvård. Att ta hand om sig själv är nyckeln till att kunna ge och ta emot i relationer. Försumma inte ditt personliga välbefinnande.

Att upprätthålla balansen mellan att ge och ta emot i relationer kräver mindfulness, öppen kommunikation och ett ömsesidigt engagemang för att stödja varandra. När du uppnår denna balans tenderar dina relationer att bli starkare och mer tillfredsställande.

TEKNIK OCH INTERNPERSONLIGA RELATIONER

Teknikens inverkan på relationer

Teknikens tillkomst har haft en djupgående inverkan på mänskliga relationer, vilket påverkar kommunikation, anslutning och relationens natur. I det här kapitlet kommer vi att utforska hur tekniken har format relationer och vilka utmaningar och möjligheter den ger.

1. Virtuell kommunikation.

Tekniken har gjort omedelbar kommunikation möjlig genom meddelanden, videosamtal och sociala nätverk. Detta har underlättat distanskommunikation, men kan också leda till ytlig kommunikation eller missförstånd.

2. Avståndsrelationer.

Tekniken har möjliggjort meningsfulla relationer mellan människor som lever på distans. Appar för videosamtal och meddelanden tillåter par och vänner att upprätthålla en känslomässig anslutning, trots geografisk separation.

3. Nya dejtingmodeller.

Dejtingappar online har revolutionerat sättet människor träffas och kopplar romantiskt. Men de kan också skapa orealistiska förväntningar och ytlighet i interaktioner.

4. Sociala medier och relationer.

Sociala nätverk har en betydande inverkan på relationer. De kan förstärka delning och anslutning, men också orsaka konflikter, svartsjuka och integritetsproblem.

5. Teknologiskt beroende.

Överanvändning av teknik kan leda till skadligt beroende, vilket kan distrahera från personliga relationer och orsaka påfrestningar i familjer och par.

6. Sömnbrist.

Nattlig användning av teknisk utrustning kan påverka sömnkvaliteten och hälsan, vilket äventyrar den tillgängliga energin för att stödja relationer.

7. Online social jämförelse.

Att jämföra med andras till synes perfekta liv på sociala medier kan påverka självkänslan negativt och orsaka känslor av otillräcklighet.

8. Möjlighet att lära sig och ansluta.

Tekniken erbjuder stora möjligheter till lärande och anslutning. Du kan lära dig nya färdigheter, få kontakt med likasinnade runt om i världen och få tillgång till utbildningsresurser.

9. Autonomi och självständighet.

Teknik kan främja autonomi och oberoende i relationer. Till exempel kan människor hantera sina bokningar, planera resor och lösa vardagsproblem med hjälp av onlineapplikationer och tjänster.

10. Balans mellan teknik och mellanmänskliga relationer.

Att upprätthålla en sund balans mellan teknikanvändning och mellanmänskliga relationer är viktigt. Lär dig att koppla bort när det behövs för att fokusera på personliga relationer och egenvård.

Tekniken har på djupet förändrat landskapet av mänskliga relationer och fört med sig fördelar och utmaningar. Det är viktigt att vara medveten om teknikens inverkan och utveckla färdigheter för att framgångsrikt navigera i den digitala världen samtidigt som man upprätthåller meningsfulla och sunda relationer.

Ansvarsfull användning av teknik i relationer

Att använda teknik på ett ansvarsfullt sätt i relationer är nyckeln till att säkerställa att mellanmänskliga förbindelser förblir sunda, starka och meningsfulla. I det här kapitlet kommer vi att utforska hur du kan använda teknik på ett ansvarsfullt sätt för att förbättra dina relationer.

1. Användningsmedvetenhet.

Det första steget till ansvarsfull användning av teknik är att vara medveten om ditt beteende. Notera hur mycket tid du spenderar online och reflektera över vilken effekt det har på dina relationer.

2. Tidsbegränsningar.

Ställ in tidsgränser för teknikanvändning. Du kan till exempel ställa in en tidsgräns för tid som spenderas på sociala medier eller på din telefon under möten ansikte mot ansikte.

3. Zon utan teknik.

Skapa en "teknikfri zon" i ditt hem eller vid vissa tider på dygnet. Detta utrymme eller tid som ägnas åt att koppla bort kan främja kvalitetskommunikation med de människor du bryr dig om.

4. Respektera integriteten.

Respektera andras integritet i dina onlineinteraktioner. Dela inte personlig information eller foton utan medgivande från andra, och respektera deras preferenser för att dela personlig information.

5. Undvik användning under viktiga interaktioner.

När du är med andra i viktiga sociala situationer, försök att undvika överdriven användning av din telefon eller andra enheter. Ge din fulla uppmärksamhet under samtal och evenemang.

6. Tydlig kommunikation om förväntningar och gränser.

Kommunicera tydligt med människor i dina relationer om vad du förväntar dig och begränsningarna med att använda teknik. Detta kan bidra till att förhindra missförstånd och konflikter.

7. Främja meningsfulla samtal.

Använd teknik för att främja meningsfulla samtal. Du kan dela intressanta artiklar, böcker eller videor med andra för att stimulera berikande diskussioner.

8. Lös onlinekonflikter konstruktivt.

När konflikter uppstår online, hantera dem på ett konstruktivt sätt. Undvik impulsiva eller stötande svar och försök lösa problemet genom öppen och respektfull kommunikation.

9. Håll en anslutning offline.

Glöm inte vikten av offline-anslutningar. Tillbringa kvalitetstid med de människor du bryr dig om i aktiviteter som inte involverar teknik.

10. Engagemang för gemensamt välbefinnande.

Slutligen, engagera dig för det gemensamma bästa i dina relationer. Målet bör vara att använda teknik för att förbättra och berika mänskliga förbindelser, inte ersätta eller försämra dem.

Att använda teknik på ett ansvarsfullt sätt kan förbättra dina relationer, hjälpa till att bevara mänsklig anslutning och meningsfull kommunikation. Med ett balanserat och medvetet förhållningssätt kan du få ut det mesta av teknikens positiva potential i dina relationer.

Upprätthålla mänsklig kontakt i en digital värld

I den moderna världen har digital teknik medfört många fördelar, men den har också skapat utmaningar för att upprätthålla meningsfulla mänskliga kontakter. I det här kapitlet kommer vi att utforska hur mänsklig koppling kan bevaras och vårdas i en digital värld.

1. Öva medveten närvaro.

Medveten närvaro innebär att vara helt närvarande i nuet under mänskliga interaktioner. När du är med någon, lägg telefonen åt sidan och fokusera på samtalet eller upplevelsen med dem.

2. Använd teknik för att stärka relationer.

Använd teknik strategiskt för att stärka relationer. Du kan schemalägga videosamtal med avlägsna vänner, skicka uppskattningsmeddelanden och dela speciella ögonblick via sociala medier.

3. Balansera användningen av teknik.

Upprätthålla en balans mellan att använda teknik och umgås med andra. Sätt gränser för enhetens användning och skapa teknikfria utrymmen för att främja interaktion ansikte mot ansikte.

4. Värde kvalitetstid.

När du umgås med andra, se till att det är kvalitet. Ge din fulla uppmärksamhet och delta aktivt i samtalet eller aktiviteten.

5. Gör ansträngningar för att lära känna människor.

Utnyttja teknik för att lära känna människor bättre. Du kan gå med i onlinegrupper eller forum för gemensamma intressen för att träffa nya människor och bredda dina kontakter.

6. Främja medkänsla och empati online.

I din interaktion online, främja medkänsla och empati. Försök att förstå andras perspektiv och respektera deras åsikter, även om du inte håller med.

7. Medvetet val av teknik.

Välj noga hur och när du använder teknik. Undvik att låta tekniken bli en ständig distraktion i dina relationer och dagliga liv.

8. Inse vikten av offlinerelationer.

Glöm inte vikten av offline-relationer. Tillbringa tid med vänner och familj, delta i personliga sociala evenemang och aktiviteter och njut av värmen från verkliga mänskliga kontakter.

9. Öppen kommunikation.

Håll kommunikationen öppen med människor i dina relationer. Prata om dina känslor, behov och förväntningar och lyssna på vad andra har att säga.

10. Öva vänlighet och respekt.

Både online och offline, utöva vänlighet och respekt. Dessa värderingar är avgörande för att upprätthålla sunda, meningsfulla relationer.

I en ständigt föränderlig digital värld är det möjligt att upprätthålla mänsklig kontakt genom att odla autentiska, medvetna och respektfulla relationer. Ta dig tid att reflektera

över dina digitala vanor och relationer, och gör val som främjar
mänsklig anknytning och känslomässigt välbefinnande.

97

INTERNPERSONLIGA RELATIONER OCH VÄLBEFINNANDE

Kopplingen mellan mellanmänskliga relationer och välbefinnande

Kopplingen mellan mellanmänskliga relationer och välbefinnande är djup och inneboende. Våra kontakter med andra spelar en avgörande roll för att bestämma vår livskvalitet och vårt tillstånd av mental och fysisk hälsa. I det här kapitlet kommer vi att utforska hur mellanmänskliga relationer påverkar vårt välbefinnande.

1. Emotionellt och socialt stöd.

Interpersonella relationer ger viktigt känslomässigt och socialt stöd. Vänner, familj och partners kan erbjuda komfort, råd och ett skyddsnät i tider av problem.

2. Stressreducering.

Positiva relationer kan hjälpa till att minska stress. Att dela problem med någon du litar på kan lätta på oro och främja bättre stresshantering.

3. Livslängdsfaktor.

Studier visar att personer med starka sociala relationer tenderar att leva längre och få bättre livskvalitet senare i livet.

4. Förbättring av emotionellt välbefinnande.

Positiva mellanmänskliga relationer är korrelerade med större känslomässigt välbefinnande. Tillgivenhet, anknytning och en känsla av samhörighet bidrar till ett lyckligare liv.

5. Personlig utveckling.

Relationer kan främja personlig tillväxt. Att interagera med andra utsätter oss för nya perspektiv, utmanar oss att växa och hjälper oss att upptäcka mer om oss själva.

6. Elasticitet.

Starka relationer kan bidra till emotionell motståndskraft. Att veta att du har människor att vända dig till i svåra tider kan öka din förmåga att möta utmaningar.

7. Mental hälsa.

Interpersonella relationer spelar en viktig roll för mental hälsa. Social isolering kan leda till problem som depression och ångest, medan positiva sociala kontakter kan ge ett viktigt stödnätverk.

8. Fördelarna med romantiska relationer.

Hälsosamma romantiska relationer kan leda till större lycka och tillfredsställelse i livet. Kärlek och intimitet kan djupt berika vårt känslomässiga välbefinnande.

9. Relationella utmaningar och tillväxt.

Relationsutmaningar kan vara möjligheter till personlig utveckling och ömsesidig förståelse. Att lära sig att övervinna svårigheter kan stärka relationer på lång sikt.

10. Kommunikation och empati.

Öppen och empatisk kommunikation är avgörande för relationellt välbefinnande. Att förbättra dina kommunikationsförmåga kan leda till hälsosammare, mer tillfredsställande relationer.

Interpersonella relationer är en dyrbar skatt som djupt påverkar vårt allmänna välbefinnande. Att investera i odling och underhåll av positiva relationer är ett av de mest effektiva sätten att förbättra ditt livskvalitet och ditt hälsotillstånd, mentalt och fysiskt.

Strategier för att förbättra välbefinnandet genom relationer

Att förbättra välbefinnandet genom relationer är ett viktigt mål för ett tillfredsställande och tillfredsställande liv. Interpersonella relationer kan avsevärt påverka din mentala och fysiska hälsa. I det här kapitlet kommer vi att utforska några nyckelstrategier för att förbättra ditt välbefinnande genom relationer.

1. Odla positiva relationer.

Investera din tid och energi i att odla positiva relationer. Försök att upprätthålla meningsfulla kontakter med vänner, familj och partners som bidrar till ditt känslomässiga välbefinnande.

2. Öppen och empatisk kommunikation.

Förbättra din kommunikationsförmåga. Öva öppen och empatisk kommunikation för att främja djupare förståelse och en känslomässig kontakt med andra.

3. Spendera kvalitetstid.

Spendera kvalitetstid på relationer. Det är inte bara mängden tid som spelar roll, utan också kvaliteten på interaktionerna. Ge din fulla uppmärksamhet under stunder med andra.

4. Stöd och bli stöttad.

Var en aktiv förespråkare i relationer. Erbjud stöd och lyssna på andra när de behöver det, och var öppen för att få stöd när det är nödvändigt för dig.

5. Lös konstruktiva konflikter.

Lär dig att hantera konflikter konstruktivt. Konfliktlösning kan stärka relationer när de bemöts med ömsesidig respekt och förståelse.

6. Skapa speciella ögonblick.

Skapa speciella ögonblick i relationer. Fira viktiga tillfällen och skapa positiva minnen tillsammans med andra.

7. Ge kärlek och uppskattning.

Uttryck kärlek och uppskattning till de människor du bryr dig om. Ett vänligt ord eller en kärleksfull gest kan stärka känslomässiga band.

8. Lär dig att förlåta.

Förlåtelse är en kraftfull handling som kan frigöra förbittring och ilska. Lär dig att förlåta andra och dig själv för tidigare misstag.

9. Dela intressen och aktiviteter.

Dela intressen och aktiviteter med andra. Att delta i gemensamma hobbyer eller passioner kan stärka kopplingen och skapa närmare band.

10. Sök professionell support om det behövs.

Om du har allvarliga svårigheter i dina relationer eller att hantera dina känslor, sök hjälp från en mentalvårdspersonal. Terapi kan vara ovärderligt för att hantera relationsutmaningar.

11. Öva empati och medkänsla.

Odla empati och medkänsla. Försök att sätta dig i andra människors ställe och förstå deras perspektiv och känslor.

12. Balansera online- och offlinerelationer.

Upprätthåll en balans mellan online- och offlinerelationer. Båda kan vara ovärderliga, men det är också viktigt att ta sig tid för kontakter ansikte mot ansikte.

Att förbättra välbefinnandet genom relationer kräver engagemang och medvetenhet. Investera i dina relationer, arbeta med din kommunikation och öva på empati för att skapa mer meningsfulla kontakter och bidra till ditt övergripande välbefinnande.

Att hantera utmaningar relaterade till relationer och psykisk hälsa

Interpersonella relationer kan ge glädje och tillfredsställelse, men de kan också innebära utmaningar som påverkar vår mentala hälsa. I det här kapitlet kommer vi att utforska några vanliga relationsutmaningar och hur man kan hantera dem för att bevara vårt mentala välbefinnande.

1. Ineffektiv kommunikation.
- Symtom: Brist på kommunikation eller ineffektiv kommunikation kan leda till missförstånd och konflikter i relationer.
- Strategier: Arbeta med dina kommunikationsförmåga. Lyssna aktivt, uttryck dina känslor tydligt och respektfullt och be om feedback för att förbättra.
2. Konflikter fortsätter.
- Symtom: Täta konflikter kan orsaka stress och känslomässig spänning.
- Strategier: Lär dig hantera konflikter konstruktivt. Sök kompromisser, träna empatiskt lyssnande och rådfråga en rådgivare vid behov.
3. Social isolering.
- Symtom: Social isolering kan leda till ensamhet, depression och ångest.
- Strategier: Leta efter möjligheter att få kontakt med andra. Gå med i grupper, sociala aktiviteter eller delta som volontär för att skapa nya kontakter.
4. Relationsberoende.
- Symtom: Känslomässigt beroende av ett förhållande kan leda till ångest, depression och låg självkänsla.

- Strategier: Arbeta med ditt känslomässiga oberoende. Odla personliga intressen och bygg upp en känsla av självständigt självvärde.
5. Avundsjuka och avundsjuka.
- Symtom: Avundsjuka och avund kan förgifta relationer och orsaka känslomässigt lidande.
- Strategier: Arbeta med din självkänsla och öva på tacksamhet. Fokusera på dina framgångar och uppskatta dina relationer för vad de är.
6. Missbruk eller skadligt beteende.
- Symtom: Missbruk eller skadligt beteende i relationer kan få allvarliga psykiska konsekvenser.
- Strategier: I fall av övergrepp, sök professionell hjälp och stöd omedelbart. Din säkerhet är prioritet.
7. Förlust av ett betydande förhållande.
- Symtom: Förlusten av en betydande relation, såsom ett uppbrott eller dödsfall, kan orsaka djup sorg och sorg.
- Strategier: Sök stöd från vänner, familj eller terapeuter. Respektera din sorgeprocess och ta tid att läka.
8. Stress relaterad till arbetsrelationer.
- Symtom: Relationsstress på arbetsplatsen kan påverka den psykiska hälsan negativt.
- Strategier: Leta efter sätt att hantera stress på jobbet, som att sätta tydliga gränser och använda stresshanteringsmetoder.
9. Terapi och psykologiskt stöd.
- Strategier: I många situationer kan terapi eller psykologiskt stöd vara ovärderligt för att hantera relationsutmaningar och förbättra mental hälsa.

Att klara av relationsutmaningar kräver medvetenhet, engagemang och ofta stöd från mentalvårdspersonal. Tveka inte att söka hjälp när du behöver det, och kom ihåg att din psykiska hälsa är en prioritet.

PERSONLIG TILLVÄXT GENOM RELATIONER

Att lära sig och växa i relationer

Relationer är en viktig källa till lärande och personlig utveckling. Genom interaktioner med andra kan vi få större medvetenhet om oss själva, våra relationsförmåga och interpersonell dynamik. I det här kapitlet kommer vi att utforska hur relationer kan främja lärande och tillväxt.

1. Självkännedom.

Relationer kan testa vårt självvärde och personliga övertygelser. Att jämföra oss själva med andra kan leda oss till större självmedvetenhet, vilket gör att vi kan känna igen och ta itu med aspekter av oss själva som vi kanske vill förbättra.

2. Kommunikationsfärdigheter.

Genom att interagera med andra kan vi utveckla effektivare kommunikationsförmåga. Vi lär oss att uttrycka våra tankar och känslor tydligt och respektfullt och att aktivt lyssna på andras perspektiv.

3. Empati.

Relationer ger oss möjlighet att öva empati. Genom att sätta oss i andras skor utvecklar vi en bättre förståelse för deras upplevelser och känslor, vilket förbättrar vår förmåga att få kontakt med dem.

4. Konflikthantering.

Att hantera konflikter i relationer lär oss att hantera olikheter på ett konstruktivt sätt. Vi lär oss att förhandla, hitta lösningar och övervinna utmaningar, som även kan appliceras på andra områden i livet.

5. Emotionell tillväxt.

Relationer kan leda till betydande känslomässig tillväxt. Genom att dela stunder av glädje och sorg med andra får vi en större förståelse för känslor och vår förmåga att hantera dem.

6. Förstå relationsdynamik.

Genom att observera den relationella dynamiken mellan oss själva och andra kan vi få en större medvetenhet om social dynamik och ömsesidig påverkan i relationer.

7. Tolerans och flexibilitet.

Relationer kräver ofta tolerans och flexibilitet. Genom att lära oss att respektera olikheter och anpassa oss till andras behov blir vi mer toleranta och fördomsfria människor.

8. Förmåga att förlåta.

Upplevelsen av att hantera meningsskiljaktigheter och konflikter i relationer kan lära oss vikten av förlåtelse. Genom att lära oss att förlåta andra och oss själva kan vi främja helande och försoning.

9. Tillväxt inom relationshantering.

Relationer kräver konstant vård och underhåll. Genom våra erfarenheter lär vi oss att hantera relationer bättre och utveckla starkare och mer varaktiga relationer över tid.

10. Kärlek och medkänsla.

Relationer kan leda till att vår kärlek och medkänsla växer. Vi utvecklar en större förmåga att älska och ta hand om andra när vi får kontakt med dem.

Relationer är en grogrund för lärande och personlig utveckling. Genom utmaningar och erfarenheter med andra kan vi bli mer medvetna, kompetenta och medkännande individer, vilket berikar våra liv och relationer själva.

111

Resurser för att förbättra relationer

Att förbättra relationer kräver ansträngning och resurser. I det här kapitlet kommer vi att utforska en mängd olika resurser och verktyg som kan hjälpa dig att odla hälsosammare, mer meningsfulla relationer.

1. Terapi och rådgivning.

Individuell eller parterapi kan vara en ovärderlig resurs för att hantera relationsutmaningar och förbättra kommunikationsförmågan. En erfaren terapeut kan hjälpa dig att utforska relationsdynamiken och hitta lösningar.

2. Böcker och onlineresurser.

Det finns många böcker och onlineresurser dedikerade till att förbättra relationer. Från självhjälpsböcker till artiklar och bloggar kan du hitta tips och strategier för att hantera olika aspekter av relationer.

3. Kurser och workshops.

Att ta relationskurser eller workshops kan ge en strukturerad möjlighet att lära sig nya relationsfärdigheter och få kontakt med andra som delar samma mål.

4. Supportgrupper.

Stödgrupper kan ge en säker plats att dela erfarenheter och hitta stöd från människor som möter liknande utmaningar i sina relationer.

5. Applikationer och programvara.

Det finns applikationer och mjukvara som är utformade för att förbättra sociala färdigheter. Vissa erbjuder kommunikationsövningar, främjar känslomässig medvetenhet och ger praktiska råd.

6. Podcaster och webbseminarier.

Relationspodcaster och webbseminarier kan erbjuda värdefulla perspektiv och råd från branschexperter. Du kan lyssna på dem när som helst för att få inspiration och information.

7. Mentorskap och coachning.

En mentor eller coach kan ge personlig vägledning för att hantera specifika relationsutmaningar och uppnå förbättringsmål.

8. Sociala nät.

Att delta i sociala nätverk kan ge en möjlighet att träffa nya människor och skapa meningsfulla kontakter. Du kan delta i lokala eller onlineevenemang baserat på dina intressen.

9. Läs- eller diskussionsgrupper.

Gå med i läsgrupper eller diskussioner fokuserade på böcker eller relationsrelaterade ämnen. Dessa grupper ger en möjlighet att dela idéer och perspektiv med andra.

10. Självreflektion och meditation.

Självreflektion och meditation kan hjälpa dig att utveckla större medvetenhet om dig själv och dina relationer. Mindfulnessträning kan förbättra din förmåga att vara närvarande i interaktioner.

Kom ihåg att det inte finns någon enstaka relation, och det som fungerar för dig kanske inte fungerar för andra. Experimentera med olika resurser och tillvägagångssätt för att hitta de som bäst passar dina relationsbehov och mål.

Utveckling av social kompetens

Sociala färdigheter är avgörande för att bygga sunda och meningsfulla relationer. Dessa färdigheter hjälper dig att kommunicera effektivt, hantera konflikter och skapa meningsfulla kontakter med andra. I det här kapitlet kommer vi att utforska hur du kan utveckla sociala färdigheter för att förbättra dina relationer.

1. Aktivt lyssnande.

Aktivt lyssnande är en avgörande färdighet. Öva på att lyssna utan att döma och visa genuint intresse för vad andra säger. Ställ frågor för att fördjupa förståelsen och reflektera deras känslor.

2. Tydlig kommunikation.

Lär dig att kommunicera tydligt och direkt. Uttryck dina tankar och känslor på ett öppet men respektfullt sätt, undvik tvetydighet eller tvetydighet.

3. Empati.

Utveckla dina empatiförmåga. Försök att förstå andras känslor och perspektiv genom att sätta dig själv i deras situation. Detta skapar en djupare koppling.

4. Konflikthantering.

Lär dig att hantera konflikter konstruktivt. Inse att konflikter är normala i relationer och sök lösningar som respekterar båda parters behov.

5. Känslomässig självkontroll.

Utveckla känslomässig självkontroll. Lär dig att hantera dina känslor så att de inte påverkar din kommunikation och interaktion med andra negativt.

6. Respekt och vänlighet.

Visa respekt och vänlighet mot andra. Behandla andra som du vill bli behandlad, även i svåra situationer.

7. Inte verbal kommunikation.

Var uppmärksam på icke-verbal kommunikation. Kroppsspråk, ansiktsuttryck och tonfall kan förmedla viktiga budskap.

8. Erkännande av andras behov.

Var uppmärksam på andras behov. Erbjud stöd när det behövs och fråga hur du kan hjälpa.

9. Bygga autentiska förbindelser.

Försök att skapa genuina kontakter med andra. Var dig själv och visa din genuina sida i relationer.

10. Flexibilitet.

Utveckla flexibilitet i sociala interaktioner. Anpassa ditt beteende och din kommunikation efter behoven hos olika situationer och människor.

11. Fortsatt lärande.

Sociala färdigheter kan ständigt förbättras. Sök feedback från andra och reflektera över dina interaktioner för att identifiera förbättringsområden.

12. Öva.

Slutligen är övning avgörande för utvecklingen av sociala färdigheter. Interagera med en mängd olika människor och situationer för att finslipa dina sociala färdigheter över tid.

Att utveckla sociala färdigheter tar tid och engagemang, men kan leda till mer tillfredsställande relationer och meningsfulla kontakter med andra. Med ett pågående arbete för att förbättra dessa färdigheter kan du berika ditt personliga och professionella liv.

BEHÅLL LÅNGVARIG RELATION

118

Upprätthålla relationer på lång sikt

Att upprätthålla meningsfulla relationer på lång sikt kräver engagemang och konstant omsorg. I det här kapitlet kommer vi att utforska några strategier för att upprätthålla och stärka relationer över tid.

1. Öppen och ärlig kommunikation.

Öppen och ärlig kommunikation är avgörande för att upprätthålla långsiktiga relationer. Dela dina tankar, känslor och bekymmer uppriktigt och lyssna noga på vad andra har att säga.

2. Respekt och vänlighet fortsätt.

Fortsätt att visa respekt och vänlighet mot andra, även efter att det första entusiasmstadiet har passerat. Behandla din partner, vänner eller familjemedlemmar med samma artighet och hänsyn som du visade i början av förhållandet.

3. Kvalitetstid.

Spendera kvalitetstid på relationer. Planera speciella stunder för att tillbringa tid tillsammans, dela erfarenheter och skapa meningsfulla minnen.

4. Uppskattning och erkännande.

Uttryck uppskattning och erkännande till andra regelbundet. Visa tacksamhet för vad de gör för dig och var medveten om deras positiva egenskaper.

5. Anpassningsförmåga.

Var flexibel och anpassningsbar i relationer. Människor förändras över tiden, och framgångsrika relationer är de som utvecklas med dem.

6. Konstruktiv konfliktlösning.

Konflikter är oundvikliga i långvariga relationer. Lär dig hantera dem på ett konstruktivt sätt, söka lösningar som tillfredsställer båda parter och som bevarar allas värdighet.

7. Förstå skillnaderna.

Inse och förstå skillnaderna mellan dig och andra. Alla människor är inte lika, och att uppskatta olikheterna kan berika din förståelse och din anknytning.

8. Ständigt känslomässigt stöd.

Ge och sök konstant känslomässigt stöd. Relationer är tänkta att vara en källa till tröst och stöd under tuffa tider.

9. Dela livsmål.

Dela dina livsmål och ambitioner med andra och försök att förstå och stödja deras mål. Att ha en gemensam vision för framtiden kan stärka kopplingen.

10. Lita på underhåll.

Förtroende är viktigt i relationer. Håll ditt ord, var pålitlig och ärlig för att bevara andras förtroende.

11. Förlåta.

Öva förlåtelse. Människor gör misstag, men förlåtelse kan tillåta dig att gå framåt utan hårda känslor och förbittring.

12. Respektera personligt utrymme.

Respektera andras personliga utrymme och individualitet. Alla behöver sin egen tid och utrymme för att växa och utvecklas.

Att upprätthålla långsiktiga relationer kräver konsekvent arbete och engagemang, men det kan leda till djupa och varaktiga kontakter. Odla dessa färdigheter och strategier för att bygga relationer som berikar ditt liv genom åren.

Hantera förändringar i relationer

Relationer är dynamiska och förändras över tid. Att hantera och hantera dessa förändringar är avgörande för att upprätthålla sunda och meningsfulla relationer. I det här kapitlet kommer vi att utforska hur man hanterar och hanterar förändringar i relationer.

1. Acceptans av förändring.

Det första steget i att hantera förändringar i relationer är acceptans. Inse att förändring är en normal del av livet och relationer. Att acceptera att människor och situationer kommer att förändras kommer att hjälpa dig att hantera förändringar bättre.

2. Öppen kommunikation.

Upprätthålla en öppen och ärlig kommunikation med andra. Prata om de förändringar du upplever och lyssna på deras känslor och tankar. Kommunikation kan hjälpa till att klargöra förväntningar och åtgärda eventuella missförstånd.

3. Anpassningsförmåga.

Utveckla din anpassningsförmåga. Relationer trivs när människor är villiga att förändras och anpassa sig till nya omständigheter. Var flexibel och öppen för olika behov och prioriteringar.

4. Konfliktminskning.

Försök att minska konflikter under tider av förändring. Spänningar kan eskalera i föränderliga situationer, så försök att hantera konflikter konstruktivt för att förhindra att de eskalerar.

5. Känslostöd.

Ge och sök känslomässigt stöd. Under tider av förändring kan människor känna sig sårbara eller oroliga. Att vara ett stöd för andra kan stärka kopplingen.

6. Ompröva prioriteringar.

Förändringar kan leda till en omprövning av prioriteringar. Reflektera över vad som verkligen är viktigt för dig och relationen och försök anpassa dina handlingar och beslut därefter.

7. Tid för dig själv.

Försumma inte tid för dig själv. I tider av förändring är det viktigt att ta sig tid att reflektera över dina egna behov och autenticitet.

8. Rådfråga en professionell.

Om dina relationsförändringar är särskilt komplicerade eller besvärande, överväg att träffa en terapeut eller rådgivare. En professionell kan erbjuda stöd och verktyg för att hantera förändringar mer effektivt.

9. Hantera sorgen efter förlust.

Förändringar kan innebära förlust av nära och kära eller situationer. Det är viktigt att bearbeta smärtan av förlusten och söka stöd för att övervinna den på ett hälsosamt sätt.

10. Stärk bandet.

Trots förändringarna, leta efter sätt att stärka ditt band med andra. Hitta sätt att återansluta och stärka din relation baserat på dina nya omständigheter.

Att hantera förändringar i relationer kräver motståndskraft, anpassningsförmåga och öppen kommunikation. Närma dig förändringar med ett öppet sinne och ett medkännande hjärta, och leta efter sätt att växa och stärka dina relationer även genom förändringens utmaningar.

124

Hur man hanterar slutet av ett förhållande

Att bryta ett förhållande kan vara en av de svåraste händelserna i en människas liv. Det kan generera en rad intensiva känslor och tar tid att läka och anpassa sig. I det här kapitlet kommer vi att utforska hur man hanterar slutet av en relation på ett hälsosamt och konstruktivt sätt.

1. Acceptera dina känslor.

Det första du ska göra är att acceptera dina känslor. Det är normalt att känna sig ledsen, arg, förvirrad eller till och med lättad i slutet av ett förhållande. Döm inte dig själv efter dina känslor; låt dem komma fram och flyta naturligt.

2. Sök support.

Sök stöd från vänner, familj eller proffs. Att prata med någon du litar på kan hjälpa dig att uttrycka dina känslor och få värdefulla råd.

3. Ta tid att läka.

Läkning tar tid, så ge dig själv tillåtelse att gå igenom processen gradvis. Förvänta dig inte att du ska må bra direkt, och försök inte dölja eller undertrycka dina känslor.

4. Ompröva dina mål.

Efter att ett förhållande upphör kanske du vill reflektera över dina mål och vad du vill ha för framtiden. Ompröva vad som är viktigt för dig och vad dina prioriteringar är.

5. Lär dig av misstag och erfarenheter.

Ta dig tid att reflektera över relationen och lärdomarna. Vad har du lärt dig av den här erfarenheten? Hur kan du växa som person från de utmaningar du har ställts inför?

6. Behåll självkänsla.

Att avsluta ett förhållande bör inte undergräva din självkänsla. Jobba på din självkänsla och självförtroende. Fokusera på det du älskar med dig själv och vad du har att erbjuda.

7. Ta hand om dig själv.

Se till att ta hand om dig själv under denna tid. Motion, hälsosam kost, regelbunden sömn och aktiviteter som ger dig glädje kan bidra till ditt känslomässiga välbefinnande.

8. Begränsa kontakten med exet.

Det kan hjälpa att begränsa kontakten med din ex-partner, åtminstone initialt. Detta kan hjälpa dig att känslomässigt distansera dig själv och fokusera på din återhämtning.

9. Undvik impulsiva beslut.

Undvik att fatta viktiga beslut impulsivt. Efter att ett förhållande tar slut kan känslor vara tumultartade. Ta dig tid att tänka innan du fattar viktiga beslut.

10. Skapa nya anslutningar.

Med tiden kan du känna dig redo att skapa nya kontakter. Känn dig inte skyldig att göra detta, men när du är redo, öppna dig för nya möjligheter till socialt umgänge och relationer.

11. Be om professionell support om det behövs.

Om du kämpar mot slutet av ett förhållande, tveka inte att söka stöd från en mentalvårdspersonal. Terapi kan vara en trygg miljö för att utforska dina känslor och få vägledning.

Kom ihåg att att avsluta ett förhållande är en individuell process som är unik för varje person. Respektera din helande resa och sök de resurser du behöver för att möta denna känslomässiga utmaning. Med tiden kan du återhämta dig och bygga ett liv som gör dig lycklig och tillfredsställd.

FRAMTIDEN FÖR INTERNPERSONLIGA RELATIONER

Trender och förändringar i mellanmänskliga relationer

Interpersonella relationer utvecklas ständigt, påverkade av en rad sociala, tekniska och ekonomiska trender och förändringar. Att förstå dessa trender kan hjälpa oss att bättre navigera i relationsvärlden och anpassa oss till pågående förändringar. I det här kapitlet kommer vi att utforska några av de stora trenderna och förändringarna i mellanmänskliga relationer.

1. Virtuella relationer.

Teknikens tillkomst har gett upphov till virtuella relationer, där människor ansluter och interagerar främst online. Dessa relationer kan sträcka sig från sociala medier-vänskap till romantiska relationer online. Det är viktigt att hantera dessa virtuella förbindelser på ett hälsosamt sätt och att söka en balans med offline-relationer.

2. Online dejting.

Nätdejting har blivit allt vanligare. Dejtingappar och webbplatser erbjuder möjligheten att träffa nya människor mer effektivt, men de kräver också extra uppmärksamhet för säkerhet och transparens.

3. Äktenskap och samboskap.

Dynamiken i äktenskap och samboende förändras. Många dröjer mcd att gifta sig eller väljer att inte gifta sig alls. Sambo före äktenskapet har blivit mer accepterat som ett stadium för att utforska kompatibilitet.

4. Icke-traditionella familjer.

Icke-traditionella familjer, såsom blandade familjer, samkönade föräldrafamiljer och ensamstående familjer, är allt vanligare.

Denna dynamik kräver en anpassning och en förståelse för mångfalden av familjerelationer.

5. Arbete och relationer.

Arbetsrelaterade utmaningar, såsom geografisk rörlighet och arbetstryck, kan påverka mellanmänskliga relationer. Det är viktigt att balansera din karriär och ditt privatliv för att bevara meningsfulla relationer.

6. Integration av teknologier i relationer.

Teknik, som mobiltelefoner och sociala medier, har blivit en central del av relationer. Det är viktigt att hantera användningen av dessa tekniker för att förhindra att de påverkar personliga interaktioner negativt.

7. Internationella relationer.

Interpersonella relationer begränsas inte längre av geografiska gränser. Människor kan utveckla meningsfulla kontakter och relationer med individer från olika delar av världen på grund av den enkla globala kommunikationen.

8. Större social aktivitet online.

Deltagande i onlinegrupper, diskussionsforum och virtuella gemenskaper har blivit allt vanligare. Dessa plattformar ger en möjlighet att få kontakt med människor med liknande intressen runt om i världen.

9. Känslomässig och relationell medvetenhet.

Det finns en växande medvetenhet om vikten av känslomässig medvetenhet och relationsförmåga. Människor försöker aktivt utveckla dessa färdigheter för att förbättra sina relationer.

10. Hållbarhet och delade värderingar.

Människor ägnar mer och mer uppmärksamhet åt gemensamma värderingar, inklusive miljömässig hållbarhet, i sina mellanmänskliga relationer. Denna medvetenhet kan påverka val relaterade till vänskap och romantiska relationer.

Att förstå och anpassa sig till dessa trender och förändringar kan hjälpa till att bygga mer tillfredsställande och meningsfulla relationer. Det är viktigt att vara flexibel, kommunicera öppet och hålla fokus på dina behov och mål i dina föränderliga mellanmänskliga relationer.

Framtida utmaningar

Världen av mellanmänskliga relationer utvecklas ständigt, och med den dyker nya utmaningar upp. Att förbereda sig för att möta dessa utmaningar kan hjälpa till att bevara och förbättra relationer i framtiden. Nedan kommer vi att utforska några av de framtida utmaningarna i mellanmänskliga relationer.

1. Teknik och isolering.

Överanvändning av teknik kan leda till social isolering. Människor kan spendera mer och mer tid online, på bekostnad av öga mot öga-relationer. Utmaningen är att använda tekniken på ett ansvarsfullt och balanserat sätt.

2. Virtuella relationer vs. Förhållanden ansikte mot ansikte.

När virtuella relationer expanderar blir det viktigt att balansera online med relationer ansikte mot ansikte. Att upprätthålla en genuin mänsklig kontakt kan bli en utmaning när så mycket interaktion sker online.

3. Stress och påfrestningar i det moderna livet.

Det moderna livet präglas ofta av konstant stress och press, vilket kan belasta relationer. Individer måste hitta sätt att hantera stress så att det inte påverkar deras interpersonella kontakter negativt.

4. Intolerans och sociala klyftor.

Sociala och politiska splittringar kan påverka personliga relationer. Människor kan hamna i relationer med individer som har olika åsikter och måste lära sig att hantera oenighet på ett konstruktivt sätt.

5. Ekonomisk skillnad.

Ekonomiska skillnader kan påverka relationer, vilket leder till ekonomisk påfrestning och utmaningar när det gäller att dela ekonomiskt ansvar. Ekonomisk rättvisa i relationer blir en allt viktigare fråga.

6. Mental hälsa och välbefinnande.

Psykisk hälsa och välbefinnande kan avsevärt påverka relationer. Att hantera psykiska problem kan kräva extra förståelse och stöd från andra.

7. Geografisk rörlighet.

Geografisk rörlighet för arbete eller andra skäl kan leda till relationsutmaningar, inklusive att hantera långdistansrelationer. Kommunikation och tillit blir avgörande i dessa situationer.

8. Icke-traditionella familjer.

Icke-traditionella familjer, inklusive blandade familjer, kan innebära unika utmaningar. Att lära sig att navigera i denna dynamik kräver förståelse och anpassningsförmåga.

9. Olika livstider.

Människor kan ha olika livslängder, och vissa väljer att gifta sig och skaffa barn vid en senare ålder. Dessa val kan leda till utmaningar i familjeplanering och relationer mellan generationerna.

10. Balans mellan arbete och liv.

Att balansera arbete och liv blir allt svårare i takt med att yrkeskraven ökar. Att balansera karriär och personliga relationer är en ständig utmaning.

Att möta dessa framtida utmaningar kommer att kräva ett fortlöpande engagemang för utveckling av mjuka färdigheter, öppen kommunikation och ömsesidigt stöd. Men med medvetenhet och förberedelse är det möjligt att bevara och förbättra relationer i framtiden.

Förhoppningar och framtidsutsikter

Trots de utmaningar och förändringar vi står inför i mellanmänskliga relationer finns det många förhoppningar och positiva utsikter för framtiden. I det här kapitlet kommer vi att utforska några av de förhoppningar och perspektiv vi kan odla för att bygga starkare, mer meningsfulla relationer.

1. Personlig tillväxt och delning.

Relationer kan vara en källa till pågående personlig tillväxt. Vi hoppas kunna lära av andra, utveckla nya interpersonella färdigheter och dela meningsfulla erfarenheter.

2. Känslomässigt stöd och tillit.

I relationer hoppas vi hitta konstant känslomässigt stöd och ömsesidigt förtroende. Dessa element är nyckeln till att skapa en miljö av stöd och kärlek.

3. Dela värderingar och passioner.

Relationer kan tillåta dig att dela värderingar, passioner och mål med likasinnade. Denna delning kan leda till djupa kopplingar och en känsla av tillhörighet.

4. Tillväxt av familjerelationer.

Vi hoppas få se tillväxt och förstärkning av familjerelationer, med fokus på förståelse, ömsesidigt stöd och respekt för olikheter.

5. Varaktiga vänskapsrelationer.

Vänskap kan bli ännu mer meningsfull med tiden. Vi hoppas kunna odla långvariga vänskaper baserade på lojalitet, humor och att dela speciella ögonblick.

6. Kärlek och romantisk koppling.

I romantiska relationer hoppas vi hitta varaktig kärlek och en djup koppling. Denna kärlek kan leda till ett liv tillsammans fullt av äventyr och speciella ögonblick.

7. Friska och respektfulla relationer.

Vi hoppas att framtida relationer kommer att präglas av ömsesidig respekt, öppen kommunikation och konstruktiv konflikthantering.

8. Stöd gemenskapen.

Relationer kan leda till en stark och kärleksfull gemenskap av stöd. Dessa sociala nätverk kan vara en källa till stöd i tider av nöd.

9. Fortsatt lärande.

Vi hoppas kunna fortsätta att lära av våra relationer och tillämpa det vi har lärt oss för att ständigt förbättra vår interaktion med andra.

10. Bidrag till lycka och välmående.

Relationer kan bidra väsentligt till vår lycka och välbefinnande. Vi hoppas få relationer som inspirerar oss, berikar oss och gör oss bättre.

Trots utmaningarna och förändringarna förblir mellanmänskliga relationer en källa till hopp, glädje och mening i våra liv. Genom att vårda dessa förhoppningar och perspektiv kan vi arbeta tillsammans för att bygga starkare och mer tillfredsställande relationer i framtiden.

SLUTSATSER OCH PRAKTISKA RÅD

Sammanfattning av de viktigaste lärdomarna

Kapitel 1: Introduktion till mellanmänskliga relationer.

- Interpersonella relationer är en grundläggande aspekt av mänskligt liv.
- Relationer kräver engagemang, kommunikation och ömsesidig förståelse.

Kapitel 2: Definition av mellanmänskliga relationer.

- Interpersonella relationer är kopplingar mellan individer baserade på känslomässiga, sociala och/eller professionella interaktioner.

Kapitel 3: Betydelsen av mellanmänskliga relationer i det dagliga livet.

- Interpersonella relationer påverkar människors känslomässiga, sociala och psykologiska välbefinnande.

Kapitel 4: Grundläggande kommunikation.

- Kommunikation är central för relationer och består av verbala och icke-verbala element.

Kapitel 5: Barriärer för kommunikation.

- Kommunikationsbarriärer kan hindra ömsesidig förståelse och måste övervinnas för att bygga effektiva relationer.

Kapitel 6: Effektiva kommunikationsfärdigheter.

- Aktivt lyssnande, tydlig kommunikation och konflikthantering är nyckelfärdigheter för effektiv kommunikation.

Kapitel 7: Aktivt lyssnande.

- Aktivt lyssnande innebär att ägna full uppmärksamhet åt den andra personen, förstå deras känslor och uttrycka genuint intresse.

Kapitel 8: Stadier av relationsutveckling.

- Relationer går igenom faser av bildning, konsolidering och eventuell nedgång.

Kapitel 9: Bygga tillit i relationer.

- Förtroende är en grundpelare i sunda relationer och måste förtjänas och upprätthållas.

Kapitel 10: Konfliktlösning.

- Konstruktiv konflikthantering är avgörande för att bevara relationer och lösa skillnader på ett hälsosamt sätt.

Kapitel 11: Hantera känslor i relationer.

- Att förstå och hantera känslor är avgörande för att upprätthålla balanserade och positiva relationer.

Kapitel 12: Empati och förståelse.

- Empati och förståelse för andras perspektiv är nyckeln till att bygga meningsfulla kontakter.

Kapitel 13: Familjerelationer.

- Familjerelationer kan vara komplexa, men de är ett viktigt stöd i varje individs liv.

Kapitel 14: Romantiska relationer.

- Romantiska relationer kännetecknas av kärlek, intimitet och engagemang.

Kapitel 15: Vänliga relationer.

- Vänskap erbjuder känslomässigt stöd, förståelse och delar av gemensamma intressen.

Kapitel 16: Professionella relationer.

- Professionella relationer är grundläggande för framgång och tillfredsställelse i arbetslivet.

Kapitel 17: Virtuella relationer.

- Virtuella relationer inkluderar onlineinteraktioner och kräver uppmärksamhet på tidshantering och kommunikation.

Kapitel 18: Relationer på jobbet.

- Arbetsplatsrelationer är viktiga för samarbete, produktivitet och företagskultur.

Kapitel 19: Relationer i gemenskapen.

- Gemenskapsrelationer bidrar till en känsla av tillhörighet och socialt välbefinnande.

Kapitel 20: Relationer i skolan.

- Relationer mellan lärare, elever och föräldrar är avgörande för en positiv skolmiljö.

Kapitel 21: Relationer i konfliktsituationer.

- Relationer kan påverkas av konfliktsituationer, som kräver varsam hantering.

Kapitel 22: Vikten av självkänsla.

- Självkänsla är avgörande för hälsan i relationer och personligt välbefinnande.

Kapitel 23: Arbeta med din självkänsla.

- Att förbättra självkänslan kräver självreflektion, självacceptans och egenvård.

Kapitel 24: Egenvård i relationer.

- Att ta hand om sig själv är viktigt för att upprätthålla sunda och meningsfulla relationer.

Kapitel 25: Upprätthålla balansen mellan att ge och att ta emot.

- Att balansera att ge och ta är avgörande för ömsesidiga och tillfredsställande relationer.

Kapitel 26: Teknikens inverkan på relationer.

- Teknik kan både positivt och negativt påverka mellanmänskliga relationer.

Kapitel 27: Ansvarsfull användning av teknik i relationer.

- Ansvarsfull användning av teknik kräver medvetenhet och kontroll för att bevara mänskliga förbindelser.

Kapitel 28: Upprätthålla mänskliga förbindelser i en digital värld.

- Att bevara mänsklig koppling kräver medvetna ansträngningar i den digitala tidsåldern.

Kapitel 29: Kopplingen mellan mellanmänskliga relationer och välbefinnande.

- Interpersonella relationer påverkar människors känslomässiga, sociala och psykologiska välbefinnande.

Kapitel 30: Upprätthålla relationer på lång sikt.

- Att upprätthålla meningsfulla relationer kräver konstant ansträngning, kommunikation och anpassningsförmåga.

Kapitel 31: Hantera förändringar i relationer.

- Att acceptera, kommunicera och anpassa sig till förändringar är avgörande för att upprätthålla sunda, meningsfulla relationer.

Kapitel 32: Att hantera slutet på ett förhållande.

- Att klara av slutet på en relation kräver acceptans, stöd och tid att läka.

Kapitel 33: Trender och förändringar i mellanmänskliga relationer.

- Interpersonella relationer påverkas av trender som teknik, nätdejting och familjemångfald.

Kapitel 34: Framtida utmaningar i mellanmänskliga relationer.

- Framtida utmaningar inkluderar teknik och isolering, sociala klyftor och stress i det moderna livet.

Kapitel 35: Förhoppningar och perspektiv i mellanmänskliga relationer.

- Trots utmaningarna finns det hopp om tillväxt, anslutning och lycka i framtida relationer.

Den här boken utforskade det breda landskapet av mellanmänskliga relationer och gav råd och verktyg för att bygga starkare, mer meningsfulla och tillfredsställande relationer i vardagen.

Sammanfattning av tips för att förbättra mellanmänskliga relationer

1. Effektiv kommunikation:
- Lyssna aktivt och med empati.
- Kommunicera tydligt och ärligt.
- Använd "jag"-språket för att uttrycka dina känslor och tankar.
2. Konflikthantering:
- Hantera konflikter konstruktivt, undvik dem inte.
- Leta efter kompromisslösningar som tillfredsställer båda parter.
- Undvik skuld och skuld genom att fokusera på problemen.
3. Bygga förtroende:
- Var pålitlig och håll dina löften.
- Öppen kommunikation och dela dina känslor.
- Visa respekt och stöd för andra.
4. Empati och förståelse:
- Försök att se saker ur andras perspektiv.
- Öva empati för att förstå andras känslor och upplevelser.
- Ge ett icke-dömande lyssnande.
5. Självkänsla och egenvård:
- Arbeta med din självkänsla och självacceptans.
- Ta hand om dig själv fysiskt och känslomässigt.
- Lär dig att sätta sunda gränser.
6. Balans mellan att ge och att ta emot:
- Var villig att ge, men också att få stöd och kärlek.
- Undvik känslomässig överbelastning och lär dig att säga "nej" när det behövs.
- Håll en balans i ömsesidig delning.
7. Känslohantering:

- Lär dig känna igen och hantera dina känslor på ett hälsosamt sätt.
- Förträng eller undertryck inte dina känslor, utan uttryck dem på lämpligt sätt.
- Sök professionellt stöd vid behov för att hantera komplexa känslomässiga problem.

8. Godkännande av skillnader:

- Respektera individuella och kulturella skillnader.
- Omfamna mångfald i relationer.
- Utveckla tolerans och öppenhet.

9. Känslostöd:

- Erbjud känslomässigt stöd till dina nära.
- Visa empati och medkänsla när andra går igenom svåra tider.
- Ge ett vänligt öra och praktisk hjälp när det behövs.

10. Upprätthålla den mänskliga anslutningen:

- Låt inte teknik ersätta interaktioner ansikte mot ansikte.
- Ta tid för meningsfulla offlinerelationer.
- Odla mänsklig kontakt genom autentisk kommunikation och omtanke.

Genom att följa dessa tips och konsekvent träna relationsfärdigheter kan du förbättra mellanmänskliga relationer, bygga djupare kontakter och njuta av mer tillfredsställande relationer i ditt dagliga liv.

9 798860 863941